Zauberhafte Kuchenkreationen 2023

Backen mit Liebe und Kreativität

Anna Müller

Index

Haferflocken- und Rosinenkekse 12

Gewürzte Haferkekse 13

Vollkornhafer 14

Orangenkuchen 15

Orangen- und Zitronenkuchen 16

Orangen- und Walnusskuchen 17

Orangen- und Schokoladenbrownies 18

Gewürzte Orangenkekse 19

Kekse mit Erdnussbutter 20

Erdnussbutter-Schokoladenbrot 21

Erdnussbutter-Haferkekse 22

Honig-Kokos-Erdnussbutter-Kuchen 23

Kuchen mit Nüssen 24

Pinwheel-Kuchen 25

Schnelle Buttermilchkekse 26

Kuchen mit Rosinen 27

Weicher Kuchen mit Rosinen 28

Rosinenscheiben und Melassesirup 29

Ratafia-Kuchen 30

Reiskuchen und Müsli 31

Rom Creme 32

Butterkeks-Plätzchen 33

Kuchen mit Sauerrahm 34

Brauner Zuckerkuchen 35

Kuchen mit Zucker und Muskatnuss 36

Kuchen 37

Weihnachtskuchen 38

Honigkuchen 39

Zitronenkuchen 40

Kurze Kuchen aus Hackfleisch 41

Shortcake mit Walnüssen 42

Orangenbrot 43

Shortbread des reichen Mannes 44

Vollkornhafer 46

Mandeln spinnen 47

Schokoladen-Baiser-Torte 48

Cookie-Leute 49

Eis-Lebkuchen 50

Shrewsbury-Kekse 51

Spanische gewürzte Plätzchen 52

Alter Gewürzkuchen 53

Melasse-Kuchen 54

Kuchen mit Melasse, Aprikosen und Walnüssen 55

Kuchen mit Melasse und Buttermilch 56

Melasse und Kaffeekuchen 57

Kuchen aus Melasse und Datteln 58

Melasse-Ingwer-Kuchen 59

Vanille Kuchen 60

Walnusskuchen 61

Butterkeks-Plätzchen 62

Cheddar-Kuchen 63

Blauschimmelkäsekuchen 64

Kekse mit Käse und Sesam 65

Käsestück 66

Kekse mit Käse und Tomaten 67

Häppchen mit Ziegenkäse 68

Brötchen mit Schinken und Senf 69

Kekse mit Schinken und Paprika 70

Einfacher Kräuterkuchen 71

Indischer Kuchen 72

Shortcake mit Haselnüssen und Schalotten 73

Kekse mit Lachs und Dill 74

Soda-Kuchen 75

Rosen mit Tomaten und Parmesan 76

Tomaten- und Kräuterkuchen 77

Einfaches Weißbrot 78

Bagels 79

Baps 80

Cremiges Gerstenbrot 81

Bierbrötchen 82

Bostoner Schwarzbrot 83

Kleie Blumentopf 84

Gerollte Butter 85

Milchbutterbrot 86

Kanadisches Maisbrot 87

Kornische Brötchen 88

Bauernbrot 89

Country Poppy Braid 90

Weizenbrot vom Land 91

Curry-Zöpfe 92

Devonische Spaltung 94

Brot mit Fruchtweizenkeimen 95

Zopf aus Fruchtmilch 96

Drahtbrot 97

Scheunenrolle 98

Drahtbrot mit Haselnüssen 99

Brot 100

Zöpfe ernten 101

Milchbrot 103

Milchfruchtbrot 104

Brot am Morgen 105

Muffins 106

Brot ohne aufzugehen 107

Pizzateig 108

Haferflocken 109

Haferflocken Farl 110

Pita-Brot 111

Schnelles Schwarzbrot 112

Durchnässte Reisbrötchen 113

Reis und Mandelbrot 114

Knuspriger Toast 115

Roggenbrot 116

Wabenring 117

Müsli-Muffins 118

Orangen- und Rosinenmuffin 119

Birnen-Muffins 120

Kartoffel-Muffins 121

Scones mit Rosinen 122

Melasse-Muffins 123

Melasse und Ingwer-Muffins 124

Sultana-Muffins 125

Vollkorn-Melasse-Muffins 126

Joghurt-Scones 127

Scones mit Käse 128

Vollkorn-Kräuter-Muffins 129

Scones mit Salami und Käse 130

Vollkorn-Muffins 131

Conkie Barbados 132

Gebratene Weihnachtsplätzchen 134

Kuchen aus Maismehl 135

Fladen 136

Donuts 137

Kartoffelkrapfen 138

Naan Brot 139

Bannock-Haferflocken 140

Hecht 141

Einfache Drop-Scones 142

Ahorn Drop Scones 143

Scones auf dem Grill 144

Cheese Pan Scones 145

Spezielle schottische Pfannkuchen 146

Scotch-Pfannkuchen mit Früchten 147

Orangefarbene Scotch-Pfannkuchen 148

Hinny singen 149

Walisischer Kuchen 150

Walisische Pfannkuchen 151

Mexikanisches gewürztes Maisbrot 152

Schwedisches Fladenbrot 153

Gedämpfter Hafer und süßes Maisbrot 154

Gedämpftes Zuckermaisbrot 155

Vollkorn-Chapatis 156

Vollkorn-Puri 157

Mandelkuchen 158

Mandellocken 159

Mandelring 160

Mediterraner Mandel-Crack 161

Mandel- und Schokoladenkekse 162

Amische Kekse mit Früchten und Nüssen 163

Johanniskrautkuchen 164

Bananen-, Hafer- und Orangenkuchen 165

Grundlegende Kekse 166

Knusprige Kekse mit Kleie 167

Kuchen mit Sesamkleie 168

Gebackene Kekse mit Kreuzkümmel 169

Brandy Snaps 170

Butterkuchen 171

Butterkuchen 172

Karamellkuchen 173

Kuchen mit Karotten und Walnüssen 174

Orangenkuchen mit Karotten und Walnüssen 175

Kirschkuchen 177

Kirsch- und Mandelringe 178

Schokoladen-Butter-Kekse 179

Schokoladen- und Kirschbrötchen 180

Schokoladenkuchen 181

Schokoladen- und Bananenkekse 182

Schokoladen- und Nussbisse 183

Amerikanische Schokoladenkekse 184

Schokocreme 185

Schokoladen- und Haselnusskekse 186

Kuchen mit Schokolade und Muskatnuss 187

Kekse mit Schokoladenüberzug 188

Kaffee und Schokoladen-Sandwich-Kuchen 189

Weihnachtskuchen 191

Kokoskekse 192

Maiskuchen mit Fruchtcreme 193

Kornische Kekse 194

Vollkorn-Rosinen-Kekse 195

Dattel-Sandwiches 196

Verdauungskekse (Graham Cracker) 197

Osterkuchen 198

Florentiner 199

Florentiner Schokolade 200

Luxuriöse Florentiner Schokolade 201

Kuchen mit Nüssen 202

Deutsche Eiskekse 203

Ingwer 204

Lebkuchen 205

Lebkuchen 206

Lebkuchenplätzchen aus Vollkorn 207

Reis- und Ingwerkuchen 208

Goldener Kuchen 209

Haselnusskuchen 210

Knusprige Haselnusskekse 211

Haselnuss- und Mandelkuchen 212

Honigkuchen 213

Ratafia-Honig 214

Kuchen mit Honig und Buttermilch 215

Zitronen-Butter-Kuchen 216

Zitronenkeks 217

Schmelzende Momente 218

Müsli-Kuchen 219

Kuchen mit Walnüssen 220

Knusprige Kekse mit Walnüssen 221

Knusprige Kekse mit Zimt-Nüssen 222

Haferflocken-Finger 223

Haferflocken- und Rosinenkekse

20 machen

175 g/6 oz/¾ Tasse Mehl (Allzweck).

150 g/5 oz/1¼ Tasse Haferflocken

5 ml/1 TL gemahlener Ingwer

2,5 ml/½ TL Backpulver

2,5 ml/½ TL Natron (Backpulver)

100 g hellbrauner Zucker

50 g/2 oz/1/3 Tasse Rosinen

1 Ei, kurz schlagen

150 ml/¼ pt/2/3 Tasse Öl

60 ml/4 Esslöffel Milch

Die trockenen Zutaten mischen, die Rosinen dazugeben und in der Mitte ein Loch machen. Eier, Öl und Milch dazugeben und zu einem weichen Teig verrühren. Den Teig auf ein ungefettetes Backblech geben und mit einer Gabel etwas flach drücken. Im vorgeheizten Backofen bei 200°C/400°F/Gas Stufe 6 für 10 Minuten goldbraun backen.

Gewürzte Haferkekse

Mach es 30

100 g Butter oder Margarine, weich

100 g hellbrauner Zucker

100 g/4oz/½ Tasse (feiner) Puderzucker.

1 Ei

2,5 ml/½ TL Vanilleessenz (Extrakt)

100 g/4 oz/1 Tasse einfaches Mehl (Allzweckmehl).

2,5 ml/½ TL Natron (Backpulver)

Prise Salz

5 ml/1 TL Zimtpulver

Eine Prise geriebene Muskatnuss

100 g/4 Unzen/1 Tasse Haferflocken

50 g/2 oz/½ Tasse gehackte gemischte Nüsse

50 g/2 Unzen/½ Tasse Schokoladenstückchen

Butter oder Margarine und Zucker schaumig rühren. Eier und Vanilleessenz nach und nach unterrühren. Mehl, Natron, Salz und Gewürze mischen und zu der Mischung geben. Haferflocken, Nüsse und Schokoladenstückchen unterrühren. Geben Sie einen runden Teelöffel auf ein gefettetes Backblech und backen Sie die Kekse im vorgeheizten Backofen bei 180°C/350°F/Gasstufe 4 für 10 Minuten, bis sie leicht gebräunt sind.

Vollkornhafer

Mach es 24

100 g Butter oder Margarine

200 g Haferflocken

75 g/3 Unzen/¾ Tasse Vollkornmehl.

50 g/2 Unzen/½ Tasse einfaches Mehl (Allzweckmehl).

5 ml/1 TL Backpulver

50 g Demerara-Zucker

1 Ei, kurz schlagen

30 ml/2 Esslöffel Milch

Reiben Sie die Butter oder Margarine in Haferflocken, Mehl und Backpulver, bis die Mischung Paniermehl ähnelt. Den Zucker untermischen, dann die Eier und die Milch unterrühren, bis ein fester Teig entsteht. Den Teig auf einer leicht bemehlten Arbeitsfläche 1 cm/½ dick ausrollen und mit einem 5 cm/2 Ausstecher Kreise ausstechen. Plätzchen auf ein gefettetes Backblech legen und im vorgeheizten Ofen bei 190°C/375°F/Gas Stufe 5 ca. 15 Minuten goldbraun backen.

Orangenkuchen

Mach es 24

100 g Butter oder Margarine, weich

50 g Puderzucker (fein).

Reiben Sie die Schale von 1 Orange

150 g selbstaufgehendes Mehl

Butter oder Margarine und Zucker schaumig schlagen. Die Orangenschale verarbeiten, dann das Mehl hinzufügen, um einen dicken Teig zu machen. Große Kugeln in der Größe einer Walnuss formen und auf einem gefetteten (Kuchen-)Backblech gut verteilen und mit einer Gabel leicht andrücken, um sie flach zu drücken. Plätzchen (Kekse) im vorgeheizten Backofen bei 180°C/350°F/Gas Stufe 4 15 Minuten goldbraun backen.

Orangen- und Zitronenkuchen

Mach es 30

50 g/2 oz/¼ Tasse Butter oder Margarine, weich

75 g Puderzucker (fein).

1 Eigelb

Die Schale von ½ Orange abreiben

15 ml/1 Esslöffel Zitronensaft

150 g/5 oz/1¼ Tasse einfaches Mehl (Allzweckmehl).

2,5 ml/½ TL Backpulver

Prise Salz

Butter oder Margarine und Zucker schaumig schlagen. Eigelb, Orangenschale und Zitronensaft nach und nach unterrühren, dann Mehl, Backpulver und Salz zu einem festen Teig verrühren. In Folie (Plastikfolie) einwickeln und 30 Minuten kühl stellen.

Auf einer leicht bemehlten Arbeitsfläche etwa 5 mm/¼ dick ausrollen und mit einem Ausstecher die Formen ausstechen. Plätzchen auf ein gefettetes Backblech legen (Plätzchen) und im vorgeheizten Backofen bei 190°C/375°F/Gas Stufe 5 10 Minuten backen.

Orangen- und Walnusskuchen

16 machen

100 g Butter oder Margarine

75 g Puderzucker (fein).

Die Schale von ½ Orange abreiben

150 g selbstaufgehendes Mehl

50 g/2 Unzen/½ Tasse gemahlene Walnüsse

Butter oder Margarine mit 50 g Zucker und Orangenschale glatt und cremig schlagen. Mehl und Walnüsse hinzufügen und erneut schlagen, bis der Teig beginnt, sich zu verbinden. Eine Kugel formen und auf einem gefetteten Backblech platt drücken. Backen Sie die Kekse (Kekse) im vorgeheizten Ofen bei 190°C/375°F/Gas 5 für 10 Minuten, bis sie an den Rändern goldbraun sind. Mit dem beiseitegelegten Zucker bestreuen und etwas abkühlen lassen, bevor es zum Abkühlen auf ein Gitter gelegt wird.

Orangen- und Schokoladenbrownies

Mach es 30

50 g/2 oz/¼ Tasse Butter oder Margarine, weich

75 g Schmalz (Fett)

175 g hellbrauner Zucker

100 g Vollkornmehl.

75 g/3 Unzen/¾ Tasse gemahlene Mandeln

10 ml/2 TL Backpulver

75 g/3 oz/¾ Tasse Schokoladenstückchen

Reiben Sie die Schale von 2 Orangen

15 ml/1 Esslöffel Orangensaft

1 Ei

Puderzucker (sehr fein) zum Bestäuben

Butter oder Margarine, Schmalz und braunen Zucker schaumig rühren. Die restlichen Zutaten außer dem Zucker dazugeben und zu einem Teig verkneten. Auf einer bemehlten Arbeitsfläche 5 mm/¼ dick ausrollen und mit einem Ausstecher Kekse ausstechen. Auf ein gefettetes (Kuchen-)Backblech streichen und im vorgeheizten Backofen bei 180°C/350°F/Gas 4 20 Minuten goldbraun backen.

Gewürzte Orangenkekse

10 machen

225 g/8 oz/2 Tassen einfaches Mehl (Allzweckmehl).

2,5 ml/½ TL Zimtpulver

Eine Prise Gewürzmischung (Apfelkuchen).

75 g Puderzucker (fein).

150 g/5 oz/2/3 Tasse Butter oder Margarine, weich

2 Eigelb

Reiben Sie die Schale von 1 Orange

75 g/3 Unzen/¾ Tasse einfache (halbsüße) Schokolade.

Mehl und Gewürze mischen, dann Zucker untermischen. Butter oder Margarine, Eigelb und Orangenschale verquirlen und zu einem glatten Teig verrühren. In Frischhaltefolie (Plastikfolie) wickeln und 1 Stunde kühl stellen.

Den Teig in einen Spritzbeutel mit großer Sterntülle füllen und auf ein gefettetes Backblech (Ausstecher) spritzen. Im vorgeheizten Backofen bei 190°C/375°F/Gas Stufe 5 10 Minuten goldbraun backen. Lass es abkühlen.

Schokolade in einer hitzebeständigen Schüssel über einem Topf mit leicht siedendem Wasser schmelzen. Tauchen Sie die Ränder der Kekse in die geschmolzene Schokolade und lassen Sie sie auf dem Pergamentpapier fest werden.

Kekse mit Erdnussbutter

Mach es 18

100 g Butter oder Margarine, weich

100 g/4oz/½ Tasse (feiner) Puderzucker.

100 g knusprige oder glatte Erdnussbutter

60 ml/4 EL goldener Sirup (junger Mais).

15 ml/1 Esslöffel Milch

175 g/6 oz/1½ Tassen einfaches Mehl (Allzweckmehl).

2,5 ml/½ TL Natron (Backpulver)

Butter oder Margarine und Zucker schaumig schlagen. Erdnussbutter verrühren, dann Sirup und Milch. Mehl und Backpulver mischen, dann in den Teig geben und glatt kneten. Zu Stangen formen und im Kühlschrank fest werden lassen.

In 5 mm/¼ dicke Stücke schneiden und auf einem leicht gefetteten Backblech (Kekse) anrichten. Backen Sie die Plätzchen (Kekse) im vorgeheizten Ofen bei 180°C/350°F/Gas 4 für 12 Minuten, bis sie goldbraun sind.

Erdnussbutter-Schokoladenbrot

Mach es 24

50 g/2 oz/¼ Tasse Butter oder Margarine, weich

50 g hellbrauner Zucker

50 g Puderzucker (fein).

50 g glatte Erdnussbutter

1 Eigelb

75 g/3 Unzen/¾ Tasse Mehl (Allzweck).

2,5 ml/½ TL Natron (Backpulver)

50 g/2 Unzen/½ Tasse einfache (halbsüße) Schokolade.

Butter oder Margarine und Zucker schaumig rühren. Nach und nach die Erdnussbutter hinzugeben, dann das Eigelb. Mehl und Backpulver mischen und in die Mischung einarbeiten, bis ein fester Teig entsteht. In der Zwischenzeit die Schokolade in einer hitzebeständigen Schüssel über einem Topf mit leicht siedendem Wasser schmelzen. Den Teig auf 30 x 46 cm/12 x 18 cm ausrollen und fast bis zum Rand mit geschmolzener Schokolade bestreichen. Die lange Seite aufrollen, mit Frischhaltefolie (Plastikfolie) umwickeln und im Kühlschrank fest werden.

Die Rolle in 5 mm/¼ Scheiben schneiden und auf ein ungefettetes (Kuchen-)Backblech legen. Im vorgeheizten Backofen bei 180°C/350°F/Gas Stufe 4 10 Minuten goldbraun backen.

Erdnussbutter-Haferkekse

Mach es 24

75 g/3 oz/1/3 Tasse Butter oder Margarine, weich

75 g/3 Unzen/1/3 Tasse Erdnussbutter

150 g hellbrauner Zucker

1 Ei

50 g/2 Unzen/½ Tasse einfaches Mehl (Allzweckmehl).

2,5 ml/½ TL Backpulver

Prise Salz

Ein paar Tropfen Vanilleessenz (Extrakt)

75 g/3 oz/¾ Tasse Haferflocken

40 g/1½ oz/1/3 Tasse Schokoladenstückchen

Butter oder Margarine, Erdnussbutter und Zucker schaumig rühren. Eier nach und nach schlagen. Mehl, Backpulver und Salz mischen. Vanilleessenz, Haferflocken und Schokoladenstückchen unterrühren. Einen Löffel davon auf ein gefettetes Backblech geben und die Kekse im vorgeheizten Ofen bei 180°C/350°F/Gas Stufe 4 für 15 Minuten backen.

Honig-Kokos-Erdnussbutter-Kuchen

Mach es 24

120 ml/4 fl oz/½ Tasse Öl

175 g/6 Unzen/½ Tasse reiner Honig

175 g/6 oz/¾ Tasse knusprige Erdnussbutter

1 Ei, geschlagen

100 g/4 Unzen/1 Tasse Haferflocken

225 g/8 oz/2 Tassen Vollkornmehl

50 g/2 oz/½ Tasse getrocknete (geriebene) Kokosnuss.

Öl, Honig, Erdnussbutter und Ei mischen und dann die anderen Zutaten unterrühren. Einen Löffel auf ein gefettetes Backblech (für Gebäck) geben und leicht auf eine Dicke von etwa ¼/6 mm verteilen. Backen Sie die Plätzchen (Kekse) im vorgeheizten Ofen bei 180°C/350°F/Gas 4 für 12 Minuten, bis sie goldbraun sind.

Kuchen mit Nüssen

Mach es 24

100 g Butter oder Margarine, weich

45 ml/3 EL feiner brauner Zucker

100 g/4 oz/1 Tasse einfaches Mehl (Allzweckmehl).

Prise Salz

5 ml/1 Teelöffel Vanilleessenz (Extrakt)

100 g/4 oz/1 Tasse Pekannüsse, fein gehackt

Puderzucker (Konditoren), gesiebt, zum Bestreuen

Butter oder Margarine und Zucker schaumig schlagen. Restliche Zutaten außer Puderzucker nach und nach unterschlagen. 3 cm große Kugeln formen und auf ein gefettetes (Keks-) Backblech legen. Die Plätzchen (Kekse) im vorgeheizten Ofen bei 160°C/325°F/Gas Stufe 3 für 15 Minuten goldbraun backen. Mit Puderzucker bestreut servieren.

Pinwheel-Kuchen

Mach es 24

175 g/6 oz/1½ Tassen einfaches Mehl (Allzweckmehl).

5 ml/1 TL Backpulver

Prise Salz

75 g/3 oz/1/3 Tasse Butter oder Margarine

75 g Puderzucker (fein).

Ein paar Tropfen Vanilleessenz (Extrakt)

20 ml / 4 Teelöffel Wasser

10 ml/2 Teelöffel Kakaopulver (ungesüßte Schokolade).

Mehl, Backpulver und Salz mischen, dann mit Butter oder Margarine bestreichen, bis die Mischung Paniermehl ähnelt. Zucker einrühren. Vanilleessenz und Wasser zugeben und zu einem glatten Teig verrühren. Formen Sie es zu einer Kugel und schneiden Sie es dann in zwei Hälften. Kakao in die Hälfte des Teigs mischen. Jedes Teigstück zu einem Rechteck von 25 x 18 cm/10 x 7 ausrollen und aufeinander legen. Rollen Sie vorsichtig, damit es zusammenklebt. Den Teig von der langen Seite aufrollen und leicht andrücken. Mit Frischhaltefolie (Plastikfolie) umwickeln und ca. 30 Minuten kühl stellen.

In 2,5 cm/1 dicke Stücke schneiden und auf einem gefetteten Backblech verteilen. Plätzchen (Kekse) im vorgeheizten Ofen bei 180°C/350°F/Gas 4 für 15 Minuten goldbraun backen.

Schnelle Buttermilchkekse

12 machen

75 g/3 oz/1/3 Tasse Butter oder Margarine

225 g/8 oz/2 Tassen einfaches Mehl (Allzweckmehl).

15 ml/1 Esslöffel Backpulver

2,5 ml/½ TL Salz

175 ml/6 fl oz/¾ Tasse Buttermilch

Puderzucker (Süßwarenzutat), gesiebt, zum Bestreuen (optional)

Mehl, Backpulver und Salz mit Butter oder Margarine verreiben, bis die Mischung Paniermehl ähnelt. Buttermilch nach und nach hinzugeben, bis ein weicher Teig entsteht. Den Teig auf einer leicht bemehlten Arbeitsfläche 2 cm/¾ dick ausrollen und mit einem Ausstecher Kreise ausstechen. Kekse auf ein gefettetes Backblech legen (Kekse) und im vorgeheizten Ofen bei 230°C/450°F/Gas 8 10 Minuten backen, bis sie goldbraun sind. Nach Belieben mit Puderzucker bestreuen.

Kuchen mit Rosinen

Mach es 24

100 g Butter oder Margarine, weich

50 g Puderzucker (fein).

Abgeriebene Schale von 1 Zitrone

50 g/2 oz/1/3 Tasse Rosinen

150 g selbstaufgehendes Mehl

Butter oder Margarine und Zucker schaumig schlagen. Die Zitronenschale einarbeiten, dann die Rosinen und das Mehl untermischen, bis eine dickflüssige Masse entsteht. Große Kugeln in der Größe einer Walnuss formen und auf einem gefetteten (Kuchen-)Backblech gut verteilen und mit einer Gabel leicht andrücken, um sie flach zu drücken. Plätzchen (Kekse) im vorgeheizten Backofen bei 180°C/350°F/Gas Stufe 4 15 Minuten goldbraun backen.

Weicher Kuchen mit Rosinen

36 machen

100 g Rosinen

90 ml/6 Esslöffel kochendes Wasser

50 g/2 oz/¼ Tasse Butter oder Margarine, weich

175 g (sehr feiner) Zucker

1 Ei, kurz schlagen

2,5 ml/½ TL Vanilleessenz (Extrakt)

175 g/6 oz/1½ Tassen einfaches Mehl (Allzweckmehl).

2,5 ml/½ TL Backpulver

1,5 ml/¼ TL Natron (Backpulver)

2,5 ml/½ TL Salz

2,5 ml/½ TL Zimtpulver

Eine Prise geriebene Muskatnuss

50 g/2 oz/½ Tasse gehackte gemischte Nüsse

Rosinen und kochendes Wasser in einen Topf geben, zum Kochen bringen, zudecken und 3 Minuten köcheln lassen. Lass es abkühlen. Butter oder Margarine und Zucker schaumig schlagen. Eier und Vanilleessenz nach und nach unterrühren. Mehl, Backpulver, Natron, Salz und Gewürze abwechselnd mit Rosinen und Einweichflüssigkeit zugeben. Walnüsse unterrühren und zu einem weichen Teig verkneten. In Frischhaltefolie (Plastikfolie) einwickeln und mindestens 1 Stunde kühl stellen.

Teig löffelweise auf ein gefettetes (Keks-) Backblech geben und die Kekse (Kekse) im vorgeheizten Ofen bei 180°C/350°F/Gas Stufe 4 10 Minuten goldbraun backen.

Rosinenscheiben und Melassesirup

Mach es 24

25 g/1 oz/2 EL weiche Butter oder Margarine

100 g/4oz/½ Tasse (feiner) Puderzucker.

1 Eigelb

30 ml/2 EL Melasse (Schwarzbandmelasse)

75 g/3 oz/½ Tasse Rosinen

150 g/5 oz/1¼ Tasse einfaches Mehl (Allzweckmehl).

5 ml/1 Teelöffel Natron (Backpulver)

5 ml/1 TL Zimtpulver

Prise Salz

30 ml/2 Esslöffel kalter schwarzer Kaffee

Butter oder Margarine und Zucker schaumig schlagen. Eigelb und Melassesirup nach und nach unterrühren, dann die Rosinen unterrühren. Mehl, Natron, Zimt und Salz mischen und unter die Kaffeemischung rühren. Decke die Mischung ab und kühle sie.
Auf 30 cm/12 Quadrate ausrollen, dann zu Rollen rollen. Auf ein gefettetes (Kuchen-) Blech legen und im vorgeheizten Backofen bei 180°C/350°F/Gas Stufe 4 15 Minuten backen, bis er sich fest anfühlt. In Stücke schneiden, dann auf einem Kuchengitter abkühlen lassen.

Ratafia-Kuchen

16 machen

100 g Kristallzucker

50 g/2 oz/¼ Tasse gemahlene Mandeln

15 ml/1 Esslöffel gemahlener Reis

1 Eiweiß

25 g Mandeln

Zucker, Mandelpulver und Reispulver mischen. Das Eiweiß unterschlagen und 2 Minuten weiter schlagen. Kekse in Walnussgröße mit einer 5 mm/¼ normalen Spitze auf ein mit Reispapier ausgelegtes (Kuchen-)Backblech spritzen. Auf jeden Keks ein Mandelblatt legen. Im vorgeheizten Backofen bei 190°C/375°F/Gas Stufe 5 15 Minuten goldbraun backen.

Reiskuchen und Müsli

Mach es 24

75 g/3 Unzen/¼ Tasse gekochter brauner Reis

50 g/2 oz/½ Tasse Müsli

75 g/3 Unzen/¾ Tasse Vollkornmehl.

2,5 ml/½ TL Salz

2,5 ml/½ TL Natron (Backpulver)

5 ml/1 TL gemahlenes Gewürz (Apfelkuchen).

30 ml/2 Esslöffel reiner Honig

75 g/3 oz/1/3 Tasse Butter oder Margarine, weich

Reis, Müsli, Mehl, Salz, Natron und Gewürzmischung mischen. Honig und Butter oder Margarine glatt rühren. In die Reismischung einrühren. Aus dem Teig walnussgroße Kugeln formen und auf ein gefettetes (Kuchen-)Backblech legen. Leicht flach drücken, dann im vorgeheizten Ofen bei 190°C/375°F/Gas Stufe 5 15 Minuten lang backen oder bis sie goldbraun sind. 10 Minuten abkühlen lassen, dann zum Abkühlen auf ein Kuchengitter legen. In einem luftdichten Behälter aufbewahren.

Rom Creme

10 machen

Backfett 25 g/1 oz/2 EL

25 g/1 oz/2 EL weiche Butter oder Margarine

50 g hellbrauner Zucker

2,5 ml/½ TL Goldsirup (heller Mais).

50 g/2 Unzen/½ Tasse einfaches Mehl (Allzweckmehl).

Prise Salz

25 g/1 oz/¼ Tasse Haferflocken

2,5 ml/½ TL gemahlene Gewürze (gerollte Äpfel).

2,5 ml/½ TL Natron (Backpulver)

10 ml/2 TL kochendes Wasser

Butterschicht

Schmalz, Butter oder Margarine und Zucker schaumig rühren. Sirup hinzufügen, dann Mehl, Salz, Haferflocken und gemahlene Gewürze hinzufügen, umrühren, bis alles gut vermischt ist. Natron in Wasser auflösen und zu einem festen Teig verrühren. 20 gleichgroße kleine Kugeln formen und diese gut auf ein gefettetes (Kuchen-)Backblech legen. Drücken Sie es leicht mit Ihrer Handfläche flach. Im vorgeheizten Backofen bei 160°C/325°F/Gas Stufe 3 15 Minuten backen. Auf dem Backblech auskühlen lassen. Nach dem Abkühlen das Gebäck mit Buttercreme-Zuckerguss (Zuckerguss) bestreichen.

Butterkeks-Plätzchen

48 machen

100 g Butter oder harte Margarine, aufgeweicht

225 g/8 oz/1 Tasse hellbrauner Zucker

1 Ei, kurz schlagen

225 g/8 oz/2 Tassen einfaches Mehl (Allzweckmehl).

Eiweiß für die Glasur

30 ml/2 Esslöffel Erdnusspüree

Butter oder Margarine und Zucker schaumig schlagen. Die Eier aufschlagen, dann das Mehl untermischen. Auf einer leicht bemehlten Fläche sehr dünn ausrollen und mit Ausstechformen in Formen schneiden. Den Kuchen auf ein gefettetes Backblech legen, mit Eiweiß bestreichen und mit Nüssen bestreuen. Im vorgeheizten Backofen bei 180°C/350°F/Gas Stufe 4 10 Minuten goldbraun backen.

Kuchen mit Sauerrahm

Mach es 24

50 g/2 oz/¼ Tasse Butter oder Margarine, weich

175 g (sehr feiner) Zucker

1 Ei

60 ml/4 Esslöffel saure Sahne (Milchsäure).

2. 5 ml/½ TL Vanilleessenz (Extrakt)

150 g/5 oz/1¼ Tasse einfaches Mehl (Allzweckmehl).

2,5 ml/½ TL Backpulver

75 g/3 oz/½ Tasse Rosinen

Butter oder Margarine und Zucker schaumig schlagen. Eier, Sahne und Vanilleessenz nach und nach unterrühren. Mehl, Backpulver und Rosinen mischen und unter den Teig heben, bis alles gerade so vermengt ist. Gerundete Teelöffel der Mischung in eine leicht gefettete (Keks-)Form geben und im vorgeheizten Backofen bei 180°C/350°F/Gasstufe 4 ca. 10 Minuten goldbraun backen.

Brauner Zuckerkuchen

Mach es 24

100 g Butter oder Margarine, weich

100 g hellbrauner Zucker

1 Ei, kurz schlagen

2,5 ml/1 Teelöffel Vanilleessenz (Extrakt)

150 g/5 oz/1¼ Tasse einfaches Mehl (Allzweckmehl).

2,5 ml/½ TL Natron (Backpulver)

Prise Salz

75 g/3 oz/½ Tasse Sultaninen (goldene Rosinen)

Butter oder Margarine und Zucker schaumig schlagen. Eier und Vanilleessenz nach und nach unterrühren. Die restlichen Zutaten glatt rühren. Legen Sie separate volle runde Teelöffel auf ein leicht gefettetes Backblech (für Kuchen). Backen Sie die Kekse (Kekse) im vorgeheizten Ofen bei 180°C/350°F/Gas 4 für 12 Minuten, bis sie goldbraun sind.

Kuchen mit Zucker und Muskatnuss

Mach es 24

50 g/2 oz/¼ Tasse Butter oder Margarine, weich

100 g/4oz/½ Tasse (feiner) Puderzucker.

1 Eigelb

2,5 ml/½ TL Vanilleessenz (Extrakt)

150 g/5 oz/1¼ Tasse einfaches Mehl (Allzweckmehl).

5 ml/1 TL Backpulver

Eine Prise geriebene Muskatnuss

60 ml/4 Esslöffel saure Sahne (Milchsäure).

Butter oder Margarine und Zucker schaumig schlagen. Eigelb und Vanille-Essenz schlagen, dann Mehl, Backpulver und Muskat hinzugeben. Die Sahne gründlich umrühren. Abdecken und 30 Minuten kühl stellen.

Den Teig 5 mm/¼ dick ausrollen und mit einem Ausstecher in 5 cm/2 Kreise schneiden. Plätzchen auf ein ungefettetes Backblech legen und im vorgeheizten Backofen bei 200°C/400°F/Gasstufe 6 10 Minuten goldbraun backen.

Kuchen

8 machen

150 g/5 oz/1¼ Tasse einfaches Mehl (Allzweckmehl).

Prise Salz

25 g/1 oz/¼ Tasse Reismehl oder gemahlener Reis

50 g Puderzucker (fein).

100 g/4 oz/¼ Tasse Butter oder harte Margarine, abgekühlt und gerieben

Mehl, Salz und Reismehl oder gemahlenen Reis mischen. Zucker einrühren, dann Butter oder Margarine. Drücken Sie die Mischung mit Ihren Fingerspitzen, bis sie Semmelbröseln ähnelt. In eine 18 cm/7 Zoll Sandwichform drücken und die Oberseite glatt streichen. Mit einer Gabel überall einstechen und in acht gleich große Scheiben schneiden, die Sie mit der Seite nach unten schneiden. 1 Stunde kalt stellen.

Im vorgeheizten Ofen bei 150°C/300°F/Gas Stufe 2 für 1 Stunde backen, bis sie blass strohfarben sind. Lassen Sie es in der Form abkühlen, bevor Sie es umdrehen.

Weihnachtskuchen

12 machen

175 g Butter oder Margarine

250 g/9 oz/2¼ Tassen einfaches Mehl (Allzweckmehl).

75 g Puderzucker (fein).

                            Für das Dressing:

15 ml/1 EL gehackte Mandeln

15 ml/1 Esslöffel gehackte Walnüsse

30 ml/2 Esslöffel Rosinen

30 ml/2 EL Schichtkirschen (kandiert), gehackt

Abgeriebene Schale von 1 Zitrone

15 ml/1 Esslöffel Puderzucker zum Bestreuen

Reiben Sie die Butter oder Margarine in das Mehl, bis die Mischung Paniermehl ähnelt. Zucker einrühren. Drücken Sie die Mischung zu einer Paste und kneten Sie sie glatt. In die gefettete Jelly Roll-Pfanne drücken und die Oberfläche glatt streichen. Die Zutaten für die Sauce mischen und zu einer Paste pürieren. 12 Finger markieren, dann im vorgeheizten Backofen bei 180°C/350°F/Gas Stufe 4 30 Minuten backen. Mit Zucker bestreuen, Finger abschneiden und in Förmchen abkühlen lassen.

Honigkuchen

12 machen

100 g Butter oder Margarine, weich

75 g/3 oz/¼ Tasse Honig-Kit

200 g Vollkornmehl.

25 g braunes Reismehl

Abgeriebene Schale von 1 Zitrone

Butter oder Margarine und Honig weich rühren. Mehl und Zitronenschale unterrühren und zu einem weichen Teig kneten. In ein gefettetes und bemehltes 18 cm/7" Backblech (Backblech) oder Mürbteigform drücken und mit einer Gabel gründlich einstechen. Markiere die 12 Keile und falte die Enden ein. 1 Stunde kalt stellen.

Im vorgeheizten Backofen bei 150°C/300°F/Gas Stufe 2 40 Minuten goldbraun backen. In markierte Stücke schneiden und in der Form abkühlen lassen.

Zitronenkuchen

12 machen

100 g/4 oz/1 Tasse einfaches Mehl (Allzweckmehl).

50 g/2 Unzen/½ Tasse Maismehl (Maismehl)

100 g Butter oder Margarine, weich

50 g Puderzucker (fein).

Abgeriebene Schale von 1 Zitrone

Puderzucker (sehr fein) zum Bestäuben

Mehl und Maisstärke zusammen sieben. Butter oder Margarine schaumig schlagen, dann Zucker schaumig schlagen. Die Zitronenschale unterrühren, dann die Mehlmischung unterrühren, bis alles gut vermischt ist. Den Shortcake in 20 cm / 8 Umdrehungen rollen und auf ein gefettetes (Kuchen-)Backblech legen. Alles mit einer Gabel einstechen und die Enden abreiben. In 12 Keile schneiden, dann mit Zucker bestreuen. 15 Minuten im Kühlschrank kalt stellen. Im vorgeheizten Ofen bei 160°C/325°F/Gas Stufe 3 35 Minuten backen, bis sie goldbraun sind. Auf den Backblechen 5 Minuten abkühlen lassen, bevor sie zum Abkühlen auf ein Kuchengitter stürzen.

Kurze Kuchen aus Hackfleisch

8 machen

175 g/6 oz/¾ Tasse Butter oder Margarine, aufgeweicht

50 g Puderzucker (fein).

225 g/8 oz/2 Tassen einfaches Mehl (Allzweckmehl).

60 ml/4 EL Hackfleisch

Butter oder Margarine und Zucker schaumig schlagen. Das Mehl einrühren, dann das Hackfleisch. In eine 23 cm/7 Sandwichform drücken und die Oberseite glatt streichen. Mit einer Gabel überall einstechen und in acht Stücke schneiden. 1 Stunde kalt stellen.

Im vorgeheizten Ofen bei 160°C/325°F/Gas Stufe 3 1 Stunde lang backen, bis sie hellstrohgelb sind. Lassen Sie es in der Form abkühlen, bevor Sie es umdrehen.

Shortcake mit Walnüssen

12 machen

100 g Butter oder Margarine, weich

50 g Puderzucker (fein).

100 g/4 oz/1 Tasse einfaches Mehl (Allzweckmehl).

50 g/2 oz/½ Tasse gemahlener Reis

50 g/2 oz/½ Tasse Mandeln, fein gehackt

Butter oder Margarine und Zucker schaumig schlagen. Mehl und gemahlenen Reis unterrühren. Walnüsse unterrühren und zu einem festen Teig verrühren. Leicht kneten, bis es glatt ist. In den Boden einer gefetteten Rollpfanne (Jelly Pan) drücken und die Oberfläche glatt streichen. Alles mit einer Gabel einstechen. Im vorgeheizten Backofen bei 160°C/325°F/Gas Stufe 3 45 Minuten backen, bis sie goldbraun sind. 10 Minuten in der Pfanne abkühlen lassen, dann in Stücke schneiden. Lassen Sie es in der Form abkühlen, bevor Sie es ausschalten.

Orangenbrot

12 machen

100 g/4 oz/1 Tasse einfaches Mehl (Allzweckmehl).

50 g/2 Unzen/½ Tasse Maismehl (Maismehl)

100 g Butter oder Margarine, weich

50 g Puderzucker (fein).

Reiben Sie die Schale von 1 Orange

Puderzucker (sehr fein) zum Bestäuben

Mehl und Maisstärke zusammen sieben. Butter oder Margarine schaumig schlagen, dann Zucker schaumig schlagen. Die Orangenschale unterrühren, dann die Mehlmischung unterrühren, bis alles gut vermischt ist. Den Shortcake in 20 cm / 8 Umdrehungen rollen und auf ein gefettetes (Kuchen-)Backblech legen. Alles mit einer Gabel einstechen und die Enden abreiben. In 12 Keile schneiden, dann mit Zucker bestreuen. 15 Minuten im Kühlschrank kalt stellen. Im vorgeheizten Ofen bei 160°C/325°F/Gas Stufe 3 35 Minuten backen, bis sie goldbraun sind. Auf den Backblechen 5 Minuten abkühlen lassen, bevor sie zum Abkühlen auf ein Kuchengitter stürzen.

Shortbread des reichen Mannes

36 machen

Für Basis:
225 g/8 oz/1 Tasse Butter oder Margarine

275 g/10 oz/2½ Tassen einfaches Mehl (Allzweckmehl).

100 g/4oz/½ Tasse (feiner) Puderzucker.

Für die Füllung:
225 g/8 oz/1 Tasse Butter oder Margarine

225 g/8 oz/1 Tasse hellbrauner Zucker

60 ml/4 EL goldener Sirup (junger Mais).

400 g Kondensmilch in einer Dose

Ein paar Tropfen Vanilleessenz (Extrakt)

Für das Dressing:
225 g/8 oz/2 Tassen einfache (halbbittere) Schokolade.

Die Basis wird hergestellt, indem man Butter oder Margarine in das Mehl einreibt, dann den Zucker einmischt und einen zähen Teig knetet. Auf den Boden einer gefetteten, mit Folie bedeckten Rollpfanne drücken. Im vorgeheizten Backofen bei 180°C/350°F/Gas Stufe 4 35 Minuten goldbraun backen. Lassen Sie das Modell abkühlen.

Für die Füllung Butter oder Margarine, Zucker, Sirup und gezuckerte Kondensmilch in einer Pfanne bei schwacher Hitze unter ständigem Rühren schmelzen. Zum Kochen bringen, dann 7 Minuten unter ständigem Rühren köcheln lassen. Vom Herd nehmen, Vanilleessenz hinzufügen und gut mischen. Über den Boden gießen und abkühlen und aushärten lassen.

Schokolade in einer hitzebeständigen Schüssel über einem Topf mit leicht siedendem Wasser schmelzen. Auf der Karamellschicht verteilen und mit einer Gabel in Muster schneiden. Abkühlen und aushärten lassen, dann in Quadrate schneiden.

Vollkornhafer

10 machen

100 g Butter oder Margarine

150 g Vollkornmehl.

25 g/1 oz/¼ Tasse Hafermehl

50 g hellbrauner Zucker

Reiben Sie die Butter oder Margarine in das Mehl, bis die Mischung Paniermehl ähnelt. Den Zucker einrühren und leicht zu einem weichen, krümeligen Teig kneten. Auf einer leicht bemehlten Fläche 1 cm/½ dick ausrollen und mit einem Ausstecher in 5 cm/2 Kreise schneiden. Vorsichtig auf ein gefettetes (Keks-) Blech geben und im vorgeheizten Ofen bei 150°C/300°F/Gas Stufe 3 ca. 40 Minuten backen, bis sie goldbraun und fest sind.

Mandeln spinnen

16 machen

175 g/6 oz/¾ Tasse Butter oder Margarine, aufgeweicht

50g/2oz/1/3 Tasse Puderzucker (Süßwaren), gesiebt

2,5 ml/½ TL Mandelessenz (Extrakt)

175 g/6 oz/1½ Tassen einfaches Mehl (Allzweckmehl).

8 glasierte (kandierte) Kirschen, halbiert oder gehackt

Puderzucker (Konditoren), gesiebt, zum Bestreuen

Butter oder Margarine und Zucker schaumig schlagen. Mandelessenz und Mehl unterrühren. Den Teig in einen Spritzbeutel mit großer Sterntülle füllen. Rohr 16 auf einem gefetteten (Kuchen-)Backblech flach ausrollen. Jeweils einzeln mit einer Kirschscheibe belegen. Im vorgeheizten Ofen bei 160°C/325°F/Gas Stufe 3 20 Minuten goldbraun backen. 5 Minuten auf dem Blech abkühlen lassen, dann auf ein Kuchengitter legen und mit Puderzucker bestreuen.

Schokoladen-Baiser-Torte

Mach es 24

100 g Butter oder Margarine, weich

5 ml/1 Teelöffel Vanilleessenz (Extrakt)

4 Eiweiß

200 g einfaches (Allzweck-) Mehl.

50 g Puderzucker (fein).

45 ml/3 EL Kakaopulver (ungesüßte Schokolade).

100 g/4 oz/2/3 Tasse (Puderzucker), gesiebt

Butter oder Margarine, Vanilleessenz und zwei Eiweiß schlagen. Mehl, Kristallzucker und Kakao mischen, dann nach und nach zur Buttermischung geben. In eine gefettete 30 cm/12" Vierkantform (Backblech) drücken. Das restliche Eiweiß mit Puderzucker schlagen und darüber verteilen. Im vorgeheizten Backofen bei 190°C/375°F/Gas Stufe 5 20 Minuten goldbraun backen. In Stäbchen schneiden.

Cookie-Leute

Macht etwa 12

100 g Butter oder Margarine, weich

100 g/4oz/½ Tasse (feiner) Puderzucker.

1 Ei, geschlagen

225 g/8 oz/2 Tassen einfaches Mehl (Allzweckmehl).

Einige Rosinen und Schichtkirschen (kandiert).

Butter oder Margarine und Zucker schaumig schlagen. Eier nach und nach zugeben und gut schlagen. Mehl mit einem Metalllöffel einrühren. Rollen Sie den Teig auf einer leicht bemehlten Fläche aus, bis er 5 mm/¼ dick ist. Die Personen mit einem Ausstecher oder Messer ausstechen und den Überschuss erneut ausrollen, bis der gesamte Teig aufgebraucht ist. Auf ein gefettetes (Kuchen-)Backblech legen und die Rosinen für die Augen und Knöpfe andrücken. Kirschscheiben für den Mund schneiden. Plätzchen (Kekse) im vorgeheizten Ofen bei 190°C/375°F/Gas 5 für 10 Minuten backen, bis sie hellbraun sind. Auf einem Kuchengitter auskühlen lassen.

Eis-Lebkuchen

Ergibt zwei 20 cm/8 Kuchen

Für Kuchen:

225 g/8 oz/1 Tasse Butter oder Margarine, aufgeweicht

100 g/4oz/½ Tasse (feiner) Puderzucker.

275 g/10 oz/2½ Tassen einfaches Mehl (Allzweckmehl).

10 ml/2 TL Backpulver

10ml/2 TL Ingwerpulver

Für Glasur (Glasur):

50 g Butter oder Margarine

15 ml/1 EL goldener Sirup (junger Mais).

100 g/4 oz/2/3 Tasse (Puderzucker), gesiebt

5 ml/1 TL gemahlener Ingwer

Für Kekse Butter oder Margarine und Zucker schaumig rühren. Die restlichen Kuchenzutaten zu einem Teig verrühren, den Teig halbieren und in zwei gefettete 20cm/8 Sandwichformen drücken. Im vorgeheizten Backofen bei 160°C/325°F/Gasstufe 3 40 Minuten backen.

Für die Glasur die Butter oder Margarine und den Sirup in einer Pfanne schmelzen. Puderzucker und Ingwer zugeben, gut mischen. Über beide Cupcakes gießen und abkühlen lassen, dann in Kreise schneiden.

Shrewsbury-Kekse

Mach es 24

100 g Butter oder Margarine, weich

100 g/4oz/½ Tasse (feiner) Puderzucker.

1 Eigelb

225 g/8 oz/2 Tassen einfaches Mehl (Allzweckmehl).

5 ml/1 TL Backpulver

5 ml/1 TL abgeriebene Zitronenschale

Butter oder Margarine und Zucker schaumig schlagen. Eigelb nach und nach unterrühren, dann Mehl, Backpulver und Zitronenschale unter Rühren von Hand unterrühren, bis die Masse zusammenkommt. 5 mm/¼ dick ausrollen und mit einem Ausstecher in 6 cm/2¼ Kreise schneiden. Den Kuchen gut auf ein gefettetes Backblech legen und mit einer Gabel einstechen. Im vorgeheizten Backofen bei 180°C/350°F/Gas Stufe 4 15 Minuten goldbraun backen.

Spanische gewürzte Plätzchen

16 machen

90 ml/6 Esslöffel Olivenöl

100 g Kristallzucker

100 g/4 oz/1 Tasse einfaches Mehl (Allzweckmehl).

15 ml/1 Esslöffel Backpulver

10 ml/2 TL Zimtpulver

3 Eier

Abgeriebene Schale von 1 Zitrone

30 ml/2 Esslöffel gesiebter Puderzucker (Süßwarenzutat).

Öl in einer kleinen Pfanne erhitzen. Zucker, Mehl, Backpulver und Zimt mischen. In einer separaten Schüssel die Eier und die Zitronenschale schaumig schlagen. Trockene Zutaten und Öl zu einem glatten Teig verrühren. Den Teig in gefettete Rollförmchen (Geleeformen) füllen und im vorgeheizten Backofen bei 180°C/350°F/Gas Stufe 4 30 Minuten goldbraun backen. Wenden, abkühlen lassen, dann in Dreiecke schneiden und Plätzchen (Kekse) mit Puderzucker bestreuen.

Alter Gewürzkuchen

Mach es 24

75 g/3 oz/1/3 Tasse Butter oder Margarine

50 g Puderzucker (fein).

45 ml/3 EL schwarze Melasse

175 g/6 oz/¾ Tasse Mehl (Allzweck).

5 ml/1 TL Zimtpulver

5 ml/1 TL gemahlenes Gewürz (Apfelkuchen).

2,5 ml/½ TL gemahlener Ingwer

2,5 ml/½ TL Natron (Backpulver)

Butter oder Margarine, Zucker und Sirup bei schwacher Hitze schmelzen. Mehl, Gewürze und Natron in einer Schüssel mischen. In die Sirupmischung gießen und umrühren, bis alles gut vermischt ist. Mischen Sie den weichen Teig und formen Sie kleine Kugeln. Auf einem gefetteten Backblech (Kekse) gut verteilen und mit einer Gabel flach drücken. Backen Sie die Cookies (Kekse) im vorgeheizten Ofen bei 180°C/350°F/Gas 4 für 12 Minuten, bis sie fest und goldbraun sind.

Melasse-Kuchen

Mach es 24

75 g/3 oz/1/3 Tasse Butter oder Margarine, weich

100 g hellbrauner Zucker

1 Eigelb

30 ml/2 EL Melasse (Schwarzbandmelasse)

100 g/4 oz/1 Tasse einfaches Mehl (Allzweckmehl).

5 ml/1 Teelöffel Natron (Backpulver)

Prise Salz

5 ml/1 TL Zimtpulver

2,5 ml/½ TL Nelkenpulver

Butter oder Margarine und Zucker schaumig schlagen. Eigelb und Melasse nach und nach schlagen. Mehl, Natron, Salz und Gewürze mischen und unter die Masse rühren. Abdecken und kalt stellen.

Den Teig zu einer 3 cm großen Kugel rollen und auf ein gefettetes Backblech (für Gebäck) legen. Plätzchen (Kekse) im vorgeheizten Ofen bei 180°C/350°F/Gas Stufe 4 für 10 Minuten backen, bis sie gar sind.

Kuchen mit Melasse, Aprikosen und Walnüssen

Macht etwa 24

50 g Butter oder Margarine

50 g Puderzucker (fein).

50 g hellbrauner Zucker

1 Ei, kurz schlagen

2,5 ml/½ TL Natron (Backpulver)

30 ml/2 Esslöffel warmes Wasser

45 ml/3 EL schwarze Melasse

25 g/1 oz verzehrfertige getrocknete Aprikosen, gehackt

25 g/1 oz/¼ Tasse gehackte gemischte Nüsse

100 g/4 oz/1 Tasse einfaches Mehl (Allzweckmehl).

Prise Salz

Eine Prise Nelken

Butter oder Margarine und Zucker schaumig rühren. Eier nach und nach schlagen. Natron mit Wasser mischen, mit den restlichen Zutaten unter die Masse rühren. Löffelweise auf ein gefettetes (Kuchen-)Backblech geben und im vorgeheizten Backofen bei 180°C/350°F/Gas Stufe 4 10 Minuten backen.

Kuchen mit Melasse und Buttermilch

Mach es 24

50 g/2 oz/¼ Tasse Butter oder Margarine, weich

50 g hellbrauner Zucker

150 ml/¼ pt/2/3 Tasse schwarzer Melassesirup (Melasse)

150 ml/¼ Pt/2/3 Tasse Buttermilch

175 g/6 oz/1½ Tassen einfaches Mehl (Allzweckmehl).

2,5 ml/½ TL Natron (Backpulver)

Butter oder Margarine und Zucker schaumig schlagen, dann Melasse und Buttermilchsirup abwechselnd mit Mehl und Natron unterrühren. Große Löffel auf ein gefettetes (Kuchen-)Backblech geben und im vorgeheizten Backofen bei 190°C/375°F/Gas Stufe 5 für 10 Minuten backen.

Melasse und Kaffeekuchen

Mach es 24

60 g Schmalz (Backfett)

50 g hellbrauner Zucker

75 g/3 oz/¼ Tasse schwarzer Melassesirup (Melasse)

2,5 ml/½ TL Vanilleessenz (Extrakt)

200 g einfaches (Allzweck-) Mehl.

5 ml/1 Teelöffel Natron (Backpulver)

Prise Salz

2,5 ml/½ TL gemahlener Ingwer

2,5 ml/½ TL Zimtpulver

60 ml/4 Esslöffel kalter schwarzer Kaffee

Mischen Sie Backfett und Zucker, bis sie leicht und locker sind. Melasse und Vanilleessenz unterrühren. Mehl, Natron, Salz und Gewürze mischen und abwechselnd mit dem Kaffee unter die Masse rühren. Abdecken und mehrere Stunden kühl stellen.

Den Teig 5 mm/¼ dick ausrollen und mit einem Ausstecher in 5 cm/2 Kreise schneiden. Legen Sie die Kekse auf ein ungefettetes Backblech und backen Sie sie im vorgeheizten Ofen bei 190 °C/375 °F/Gasstufe 5 für 10 Minuten, bis sie sich fest anfühlen.

Kuchen aus Melasse und Datteln

Macht etwa 24

50 g/2 oz/¼ Tasse Butter oder Margarine, weich

50 g Puderzucker (fein).

50 g hellbrauner Zucker

1 Ei, kurz schlagen

2,5 ml/½ TL Natron (Backpulver)

30 ml/2 Esslöffel warmes Wasser

45 ml/3 EL schwarze Melasse

25 g/1 oz/¼ Tasse entsteinte Datteln, in Scheiben geschnitten

100 g/4 oz/1 Tasse einfaches Mehl (Allzweckmehl).

Prise Salz

Eine Prise Nelken

Butter oder Margarine und Zucker schaumig rühren. Eier nach und nach schlagen. Mischen Sie das Natron mit dem Wasser und rühren Sie es dann mit den anderen Zutaten in die Mischung. Löffelweise auf ein gefettetes (Kuchen-)Backblech geben und im vorgeheizten Backofen bei 180°C/350°F/Gas Stufe 4 10 Minuten backen.

Melasse-Ingwer-Kuchen

Mach es 24

50 g/2 oz/¼ Tasse Butter oder Margarine, weich

50 g hellbrauner Zucker

150 ml/¼ pt/2/3 Tasse schwarzer Melassesirup (Melasse)

150 ml/¼ Pt/2/3 Tasse Buttermilch

175 g/6 oz/1½ Tassen einfaches Mehl (Allzweckmehl).

2,5 ml/½ TL Natron (Backpulver)

2,5 ml/½ TL gemahlener Ingwer

1 Ei, aufgeschlagen, zum Bestreichen

Butter oder Margarine und Zucker schaumig schlagen, dann Melasse und Buttermilchsirup abwechselnd mit Mehl, Natron und gemahlenem Ingwer untermischen. Mit einem großen Löffel auf ein gefettetes (Kuchen-)Backblech legen und mit verquirltem Ei bestreichen. Im vorgeheizten Ofen bei 190°C/375°F/Gas Stufe 5 10 Minuten backen.

Vanille Kuchen

Mach es 24

150 g/5 oz/2/3 Tasse Butter oder Margarine, weich

100 g/4oz/½ Tasse (feiner) Puderzucker.

1 Ei, geschlagen

225 g/8 oz/2 Tassen einfaches Mehl (selbstaufgehend).

Prise Salz

10 ml/2 TL Vanilleessenz (Extrakt)

Glacé (kandierte) Kirschen zur Dekoration

Butter oder Margarine und Zucker schaumig schlagen. Die Eier nach und nach aufschlagen, dann Mehl, Salz und Vanilleessenz dazugeben und zu einem Teig verkneten. Glatt kneten. In Frischhaltefolie (Plastikfolie) wickeln und 20 Minuten kühl stellen.

Den Teig dünn ausrollen und mit einem Ausstecher Kreise ausstechen. Auf gefetteten (Kuchen-)Backblechen anrichten und je eine Kirsche darauf setzen. Plätzchen im vorgeheizten Ofen bei 180°C/350°F/Gas Stufe 4 für 10 Minuten goldbraun backen. 10 Minuten auf dem Backblech abkühlen lassen, bevor es zum Abkühlen auf ein Gitter gelegt wird.

Walnusskuchen

36 machen

100 g Butter oder Margarine, weich

100 g hellbrauner Zucker

100 g/4oz/½ Tasse (feiner) Puderzucker.

1 großes Ei, leicht geschlagen

200 g einfaches (Allzweck-) Mehl.

5 ml/1 TL Backpulver

2,5 ml/½ TL Natron (Backpulver)

120 ml/4 fl oz/½ Tasse Buttermilch

50 g/2 oz/½ Tasse Walnüsse, gehackt

Butter oder Margarine und Zucker schaumig rühren. Eier nach und nach dazugeben, dann Mehl, Backpulver und Natron abwechselnd mit der Buttermilch hinzugeben. Walnüsse unterheben. Kleine Löffel auf ein gefettetes Backblech geben und die Kekse im vorgeheizten Ofen bei 190°C/375°F/Gas Stufe 5 für 10 Minuten backen.

Butterkeks-Plätzchen

Mach es 24

25 g frische Hefe oder 40 ml Trockenhefe

450 ml/¾ pt/2 Tassen warme Milch

900 g starkes Weizenmehl (für Brot).

175 g/6 oz/¾ Tasse Butter oder Margarine, aufgeweicht

30 ml/2 Esslöffel reiner Honig

2 Eier, geschlagen

Eier für die Glasur schlagen

Die Hefe mit etwas warmer Milch verrühren und 20 Minuten erwärmen lassen. Mehl in eine Schüssel geben und mit Butter oder Margarine einreiben. Hefe, restliche warme Milch, Honig und Eier mischen und zu einem weichen Teig verkneten. Auf einer leicht bemehlten Arbeitsfläche kneten, bis sie glatt und elastisch sind. In eine geölte Schüssel geben, mit geölter Frischhaltefolie (Plastikfolie) abdecken und an einem warmen Ort 1 Stunde gehen lassen, bis sich das Volumen verdoppelt hat.

Nochmals durchkneten, dann eine lange, flache Rolle formen und auf ein gefettetes Backblech (Kuchen) legen. Mit geölter Lebensmittelfolie abdecken und 20 Minuten an einem warmen Ort gehen lassen.

Mit verquirltem Ei bestreichen und im vorgeheizten Backofen bei 200°C/400°F/Gas Stufe 6 20 Minuten backen. Über Nacht abkühlen lassen.

In dünne Scheiben schneiden, dann im vorgeheizten Ofen bei 150°C/300°F/Gas Stufe 2 für 30 Minuten backen, bis sie knusprig und braun sind.

Cheddar-Kuchen

12 machen

50 g Butter oder Margarine

200 g einfaches (Allzweck-) Mehl.

15 ml/1 Esslöffel Backpulver

Prise Salz

50 g/2 oz/½ Tasse Cheddar-Käse, gerieben

175 ml Milch

Mehl, Backpulver und Salz mit Butter oder Margarine verreiben, bis die Mischung Paniermehl ähnelt. Rühren Sie den Käse ein und fügen Sie dann genug Milch hinzu, um einen weichen Teig zu machen. Auf einer leicht bemehlten Arbeitsfläche 2 cm/¾ dick ausrollen und mit einem Ausstecher Kreise ausstechen. Die Kekse (Cracker) auf einem ungefetteten Backblech verteilen und im vorgeheizten Ofen bei 200°C/400°F/Gasstufe 6 für 15 Minuten goldbraun backen.

Blauschimmelkäsekuchen

12 machen

50 g Butter oder Margarine

200 g einfaches (Allzweck-) Mehl.

15 ml/1 Esslöffel Backpulver

50 g Stilton-Käse, gerieben oder zerbröselt

175 ml Milch

Mehl und Backpulver mit Butter oder Margarine verreiben, bis die Mischung Paniermehl ähnelt. Rühren Sie den Käse ein und fügen Sie dann genug Milch hinzu, um einen weichen Teig zu machen. Auf einer leicht bemehlten Arbeitsfläche 2 cm/¾ dick ausrollen und mit einem Ausstecher Kreise ausstechen. Die Kekse (Cracker) auf einem ungefetteten Backblech verteilen und im vorgeheizten Ofen bei 200°C/400°F/Gasstufe 6 für 15 Minuten goldbraun backen.

Kekse mit Käse und Sesam

Mach es 24

75 g/3 oz/1/3 Tasse Butter oder Margarine

75 g/3 Unzen/¾ Tasse Vollkornmehl.

75 g/3 oz/¾ Tasse Cheddar-Käse, gerieben

30 ml/2 EL Sesam

Salz und frisch gemahlener schwarzer Pfeffer

1 Ei, geschlagen

Reiben Sie die Butter oder Margarine in das Mehl, bis die Mischung Paniermehl ähnelt. Den Käse und die Hälfte des Sesams unterrühren und mit Salz und Pfeffer würzen. Zu einem festen Teig zusammendrücken. Den Teig auf einer leicht bemehlten Arbeitsfläche 5 mm/¼ dick ausrollen und mit einem Ausstecher Kreise ausstechen. Kekse (Kerupuk) auf ein gefettetes (Keks-) Backblech legen, mit Ei bestreichen und mit den restlichen Sesamkörnern bestreuen. Im vorgeheizten Backofen bei 190°C/375°F/Gas Stufe 5 10 Minuten goldbraun backen.

Käsestück

16 machen

225 g Blätterteig

1 Ei, geschlagen

100 g Cheddar oder Hartkäse, gerieben

15 ml/1 Esslöffel geriebener Parmesankäse

Salz und frisch gemahlener schwarzer Pfeffer

Den Teig (Nudeln) auf eine Dicke von 5 mm/¼ ausrollen und mit verquirltem Ei bestreichen. Mit Käse bestreuen und mit Salz und Pfeffer abschmecken. In Streifen schneiden, die sanft zu einer Spirale gerollt werden. Auf ein gefettetes Backblech legen und im vorgeheizten Backofen bei 220°C/425°F/Gasstufe 7 ca. 10 Minuten backen, bis sie aufgegangen und goldbraun sind.

Kekse mit Käse und Tomaten

12 machen

50 g Butter oder Margarine

200 g einfaches (Allzweck-) Mehl.

15 ml/1 Esslöffel Backpulver

Prise Salz

50 g/2 oz/½ Tasse Cheddar-Käse, gerieben

15 ml/1 Esslöffel Tomatenpüree (Paste)

150 ml/¼ pt/2/3 Tasse Milch

Mehl, Backpulver und Salz mit Butter oder Margarine verreiben, bis die Mischung Paniermehl ähnelt. Rühren Sie den Käse ein, rühren Sie dann das Tomatenpüree und genug Milch ein, um einen weichen Teig zu machen. Auf einer leicht bemehlten Arbeitsfläche 2 cm/¾ dick ausrollen und mit einem Ausstecher Kreise ausstechen. Die Cracker auf ein ungefettetes Backblech legen und im vorgeheizten Backofen bei 200°C/400°F/Gasstufe 6 15 Minuten goldbraun backen.

Häppchen mit Ziegenkäse

Mach es 30

2 Blätter gefrorener Filoteig (Nudeln), aufgetaut

50 g ungesalzene Butter, geschmolzen

50 g/2 oz/½ Tasse gewürfelter Ziegenkäse

5 ml/1 Teelöffel Kräuter der Provence

Eine Filoform mit zerlassener Butter einfetten, ein zweites Blech darauf legen und mit Butter bestreichen. In 30 gleich große Quadrate schneiden, je ein Stück Käse hineinlegen und mit Kräutern bestreuen. Bringen Sie die Ecken zusammen und drehen Sie sie, um sie zu versiegeln, und bestreichen Sie sie dann erneut mit geschmolzener Butter. Auf ein gefettetes Backblech (für die Kekse) legen und im vorgeheizten Backofen bei 180°C/350°F/Gas Stufe 4 10 Minuten backen, bis sie knusprig und goldbraun sind.

Brötchen mit Schinken und Senf

16 machen

225 g Blätterteig

30 ml/2 Esslöffel französischer Senf

100 g gekochter Schinken, gehackt

Salz und frisch gemahlener schwarzer Pfeffer

Den Teig (Nudeln) auf eine Dicke von 5 mm/¼ ausrollen. Mit Senf bestreichen, dann mit Schinken bestreuen und mit Salz und Pfeffer würzen. Den Teig zu einer langen Wurst rollen, dann in 1 cm/½ Keile schneiden und auf einem angefeuchteten Backblech (für Gebäck) verteilen. Im vorgeheizten Ofen bei 220°C/425°F/Gas Stufe 7 etwa 10 Minuten backen, bis sie aufgeblasen und goldbraun sind.

Kekse mit Schinken und Paprika

Mach es 30

225 g/8 oz/2 Tassen einfaches Mehl (Allzweckmehl).

15 ml/1 Esslöffel Backpulver

5 ml/1 TL trockener Thymian

5 ml/1 Teelöffel Puderzucker (fein).

2,5 ml/½ TL gemahlener Ingwer

Eine Prise geriebene Muskatnuss

Eine Prise Backpulver (Backpulver)

Salz und frisch gemahlener schwarzer Pfeffer

50 g/2 oz/¼ Tasse Pflanzenfett (Fett)

50 g gekochter Schinken, gehackt

30 ml/2 Esslöffel fein gehackte grüne Paprika

175 ml/6 fl oz/¾ Tasse Buttermilch

Mehl, Backpulver, Thymian, Zucker, Ingwer, Muskatnuss, Natron, Salz und Pfeffer mischen. Verteilen Sie das Pflanzenfett, bis die Mischung Paniermehl ähnelt. Schinken und Pfeffer einrühren. Buttermilch nach und nach zugeben und zu einem weichen Teig verkneten. Auf einer leicht bemehlten Fläche einige Sekunden kneten, bis eine glatte Masse entsteht. 2 cm/¾ dick ausrollen und mit einem Ausstecher in Ringe schneiden. Die Kekse mit ausreichend Abstand auf ein gefettetes Backblech legen und im vorgeheizten Ofen bei 220°C/425°F/Gas Stufe 7 für 12 Minuten backen, bis sie aufgegangen und goldbraun sind.

Einfacher Kräuterkuchen

8 machen

225 g/8 oz/2 Tassen einfaches Mehl (Allzweckmehl).

15 ml/1 Esslöffel Backpulver

5 ml/1 Teelöffel Puderzucker (fein).

2,5 ml/½ TL Salz

50 g Butter oder Margarine

15 ml/1 Esslöffel gehackter frischer Schnittlauch

Eine Prise Paprika

Frisch gemahlener schwarzer Pfeffer

45 ml/3 Esslöffel Milch

45 ml/3 Esslöffel Wasser

Mehl, Backpulver, Zucker und Salz mischen. Reiben Sie die Butter oder Margarine ein, bis die Mischung Paniermehl ähnelt. Frühlingszwiebeln, Paprika und Pfeffer nach Geschmack mischen. Milch und Wasser einrühren und zu einem weichen Teig verkneten. Auf einer leicht bemehlten Arbeitsfläche glatt kneten, dann 2 cm/¾ dick ausrollen und mit einem Ausstecher Kreise ausstechen. Legen Sie die Kekse (Cracker) gut auf ein gefettetes (Keks-) Blech und backen Sie sie im vorgeheizten Ofen bei 200 °C/400 °F/Gas Stufe 6 für 15 Minuten, bis sie aufgeblasen und goldbraun sind.

Indischer Kuchen

Servieren 4

100 g/4 oz/1 Tasse einfaches Mehl (Allzweckmehl).

100 g/4 oz/1 Tasse Grieß (Weizencreme)

175 g (sehr feiner) Zucker

75 g/3 Unzen/¾ Tasse Gramm Mehl

175 g/6 oz/¾ Tasse Ghee

Mischen Sie alle Zutaten in einer Schüssel und reiben Sie sie dann mit Ihren Handflächen zu einem festen Teig. Möglicherweise benötigen Sie mehr Ghee, wenn die Mischung zu trocken ist. Kleine Kugeln formen und in die Keksform (Cracker) drücken. Auf ein gefettetes und mit Backpapier ausgelegtes Backblech (für die Kekse) legen und im vorgeheizten Ofen bei 150°C/300°F/Gas Stufe 2 30-40 Minuten backen, bis sie leicht gebräunt sind. Beim Kuchenbacken können kleine Risse entstehen.

Shortcake mit Haselnüssen und Schalotten

12 machen

75 g/3 oz/1/3 Tasse Butter oder Margarine, weich

175 g/6 Unzen/1½ Tassen Vollkornmehl.

10 ml/2 TL Backpulver

1 Schalotte, fein gehackt

50 g/2 oz/½ Tasse gehackte Haselnüsse

10 ml/2 TL Paprika

15 ml/1 Esslöffel kaltes Wasser

Mehl und Backpulver mit Butter oder Margarine verreiben, bis die Mischung Paniermehl ähnelt. Schalotten, Haselnüsse und Paprika zugeben. Kaltes Wasser zugeben und zu einem Teig verkneten. Flach drücken und in eine 30 x 20 cm/12 x 8 Jelly Roll Pfanne drücken und überall mit einer Gabel einstechen. Am Finger markieren. Im vorgeheizten Backofen bei 200°C/400°F/Gas Stufe 6 für 10 Minuten goldbraun backen.

Kekse mit Lachs und Dill

12 machen

225 g/8 oz/2 Tassen einfaches Mehl (Allzweckmehl).

5 ml/1 Teelöffel Puderzucker (fein).

2,5 ml/½ TL Salz

20 ml/4 TL Backpulver

100 g Butter oder Margarine, gewürfelt

90 ml/6 Esslöffel Wasser

90 ml/6 Esslöffel Milch

100 g Räucherlachsgarnitur, gewürfelt

60 ml/4 EL gehackter frischer Fenchel (Dillgras)

Mehl, Zucker, Salz und Backpulver mischen, dann die Butter oder Margarine untermischen, bis die Mischung Paniermehl ähnelt. Milch und Wasser nach und nach unterrühren und zu einem weichen Teig verkneten. Rühren Sie den Lachs und den Fenchel ein und rühren Sie, bis alles gut vermischt ist. Auf 2,5 cm/1 ausrollen und mit einem Ausstecher in Ringe schneiden. Legen Sie die Kekse (Cracker) gut auf ein gefettetes (Keks-) Blech und backen Sie sie im vorgeheizten Backofen bei 220°C/425°F/Gas Stufe 7 für 15 Minuten, bis sie aufgeblasen und goldbraun sind.

Soda-Kuchen

12 machen

45 ml/3 Esslöffel Schmalz (Schmalz)

225 g/8 oz/2 Tassen einfaches Mehl (Allzweckmehl).

5 ml/1 Teelöffel Natron (Backpulver)

5 ml/1 Teelöffel Weinsäure

Prise Salz

250 ml/8 fl oz/1 Tasse Buttermilch

Reiben Sie das Schmalz in Mehl, Natron, Weinstein und Salz, bis die Mischung Paniermehl ähnelt. Milch einrühren und zu einem weichen Teig verkneten. Auf einer leicht bemehlten Arbeitsfläche 1 cm/½ dick ausrollen und mit einem Ausstecher ausstechen. Die Kekse (Kerupuk) auf ein gefettetes Backblech (Kekse) legen und im vorgeheizten Backofen bei 230°C/450°F/Gas Stufe 8 10 Minuten goldbraun backen.

Rosen mit Tomaten und Parmesan

16 machen

225 g Blätterteig

30 ml/2 EL Tomatenpüree (Paste)

100 g/4 oz/1 Tasse Parmesankäse, gerieben

Salz und frisch gemahlener schwarzer Pfeffer

Den Teig (Nudeln) auf eine Dicke von 5 mm/¼ ausrollen. Mit Tomatenpüree bestreichen, mit Käse bestreuen und mit Salz und Pfeffer würzen. Den Teig zu einer langen Wurst rollen, dann in 1 cm/½ Keile schneiden und auf einem angefeuchteten Backblech (für Gebäck) verteilen. Im vorgeheizten Ofen bei 220°C/425°F/Gas Stufe 7 etwa 10 Minuten backen, bis sie aufgeblasen und goldbraun sind.

Tomaten- und Kräuterkuchen

12 machen

225 g/8 oz/2 Tassen einfaches Mehl (Allzweckmehl).

5 ml/1 Teelöffel Puderzucker (fein).

2,5 ml/½ TL Salz

40 ml/2½ EL Backpulver

100 g Butter oder Margarine

30 ml/2 Esslöffel Milch

30 ml/2 Esslöffel Wasser

4 reife Tomaten, geschält, entkernt und in Scheiben geschnitten

45 ml/3 EL gehackter frischer Basilikum

Mehl, Zucker, Salz und Backpulver mischen. Reiben Sie die Butter oder Margarine ein, bis die Mischung Paniermehl ähnelt. Milch, Wasser, Tomaten und Basilikum unterrühren und zu einem weichen Teig verrühren. Auf einer leicht bemehlten Fläche einige Sekunden kneten, dann auf eine Dicke von 2,5 cm/1 ausrollen und mit einem Ausstecher Kreise ausstechen. Plätzchen gut auf gefettete Backbleche legen und im vorgeheizten Ofen bei 230°C/425°F/Gas Stufe 7 15 Minuten lang backen, bis sie aufgegangen und goldbraun sind.

Einfaches Weißbrot

Ergibt drei Brote mit 450 g/1 lb

25 g frische Hefe oder 40 ml Trockenhefe

10 ml/2 Teelöffel Zucker

900 ml/1½ Pt/3¾ Tasse warmes Wasser

Backfett 25 g/1 oz/2 EL

1,5 kg/3 lb/12 Tassen starkes (Brot-)Mehl

15 ml/1 Esslöffel Salz

Die Hefe mit dem Zucker und etwas warmem Wasser verrühren und 20 Minuten an einem warmen Ort aufschäumen lassen. Reiben Sie das Schmalz in das Mehl und Salz und rühren Sie genug von der restlichen Hefe-Wasser-Mischung ein, um einen festen Teig zu bilden, wobei Sie die Seiten der Schüssel sauber halten. Auf einer leicht bemehlten Arbeitsfläche oder im Mixer kneten, bis er elastisch und nicht klebrig wird. Den Teig in eine geölte Schüssel geben, mit geölter Frischhaltefolie (Plastikfolie) abdecken und an einem warmen Ort etwa 1 Stunde ruhen lassen, bis er sich verdoppelt hat und sich elastisch anfühlt.

Den Teig erneut kneten, bis er fest ist, in Drittel teilen und in eine gefettete 450-g-Kastenform geben oder zu einem Laib Ihrer Wahl formen. Zugedeckt an einem warmen Ort etwa 40 Minuten gehen lassen, sodass der Teig knapp über die Form reicht.

Im vorgeheizten Backofen bei 230°C/450°F/Gas Stufe 8 30 Minuten backen, bis die Bratlinge anfangen, von den Seiten der Form zu schrumpfen und goldgelb und fest und hohl sind, wenn man auf den Boden klopft.

Bagels

12 machen

15 g/½ oz Frischhefe oder 20 ml/4 TL Trockenhefe

5 ml/1 Teelöffel Puderzucker (fein).

300 ml/½ Pt/1¼ Tasse warme Milch

50 g Butter oder Margarine

450 g/1 Pfund/4 Tassen starkes Weizenmehl (für Brot).

Prise Salz

1 Eigelb

30 ml/2 Esslöffel Mohn

Die Hefe mit dem Zucker und etwas warmer Milch verrühren und an einem warmen Ort 20 Minuten aufschäumen lassen. Butter oder Margarine in Mehl und Salz einreiben und in die Mitte eine Mulde drücken. Die Hefe, die restliche warme Milch und die Eigelbe dazugeben und zu einem glatten Teig verrühren. Kneten, bis der Teig glatt und nicht mehr klebrig ist. In eine geölte Schüssel geben, mit geölter Frischhaltefolie (Plastikfolie) abdecken und an einem warmen Ort ca. 1 Stunde gehen lassen, bis sich das Volumen verdoppelt hat.

Den Teig kurz durchkneten, dann in 12 Stücke schneiden. Jeweils zu einem etwa 15 cm langen Streifen rollen und zu einem Ring rollen. Auf ein gefettetes (Kuchen-)Backblech legen, abdecken und 15 Minuten gehen lassen.

Bringe Wasser in einem großen Topf zum Kochen und reduziere dann die Hitze auf ein Köcheln. Den Ring in kochendes Wasser legen und 3 Minuten garen, einmal wenden, dann herausnehmen und auf ein (Kuchen-)Backblech legen. Mit den restlichen Bagels fortfahren. Bagels mit Mohn bestreuen und im vorgeheizten Backofen bei 230°C/450°F/Gas Stufe 8 20 Minuten goldbraun backen.

Baps

12 machen

25 g frische Hefe oder 40 ml Trockenhefe

5 ml/1 Teelöffel Puderzucker (fein).

150 ml/¼ pt/2/3 Tasse warme Milch

50 g Schmalz (reduziert Fett)

450 g/1 Pfund/4 Tassen starkes Weizenmehl (für Brot).

5 ml/1 TL Salz

150 ml/¼ pt/2/3 Tasse warmes Wasser

Die Hefe mit dem Zucker und etwas warmer Milch verrühren und an einem warmen Ort 20 Minuten aufschäumen lassen. Das Schmalz in das Mehl einreiben, dann das Salz hineingeben und in der Mitte eine Mulde machen. Die Hefe, die restliche Milch und das Wasser dazugeben und den weichen Teig verkneten. Kneten, bis er elastisch und nicht klebrig ist. In eine geölte Schüssel geben und mit geölter Frischhaltefolie (Plastikfolie) abdecken. An einem warmen Ort ca. 1 Stunde gehen lassen, bis sich das Volumen verdoppelt hat.

Den Teig zu 12 flachen Rollen formen und auf ein gefettetes Backblech legen. 15 Minuten aufgehen lassen.

Im vorgeheizten Backofen bei 230°C/450°F/Gas Stufe 8 15-20 Minuten backen, bis sie aufgeblasen und goldbraun sind.

Cremiges Gerstenbrot

Ergibt ein 900-g-Laib

15 g/½ oz Frischhefe oder 20 ml/4 TL Trockenhefe

Etwas Zucker

350 ml/12 fl oz/1½ Tassen warmes Wasser

400 g starkes Weizenmehl (für Brot).

175 g/6 oz/1½ Tassen Gerstenmehl

Prise Salz

45 ml/3 EL Sahne (leicht).

Die Hefe mit dem Zucker und etwas warmem Wasser verrühren und 20 Minuten an einem warmen Ort aufschäumen lassen. Mehl und Salz in einer Schüssel mischen, Hefemischung, Sahne und restliches Wasser dazugeben und zu einem festen Teig verrühren. Kneten bis glatt und nicht mehr klebrig. In eine geölte Schüssel geben, mit geölter Frischhaltefolie (Plastikfolie) abdecken und an einem warmen Ort ca. 1 Stunde gehen lassen, bis sich das Volumen verdoppelt hat.

Etwas weiter kneten, dann zu einer gefetteten 900-g-Backform (Brotform) formen, abdecken und 40 Minuten an einem warmen Ort gehen lassen, damit der Teig bis zum Rand der Form aufgehen kann.

Im vorgeheizten Backofen bei 220°C/425°F/Gas Stufe 7 10 Minuten backen, dann die Ofentemperatur auf 190°C/375°F/Gas Stufe 5 reduzieren und weitere 25 Minuten backen, bis sie goldbraun und leer sind. - ist beim Auftreffen auf die Basis zu hören.

Bierbrötchen

Ergibt ein 900-g-Laib

450 g/1 Pfund/4 Tassen selbstaufgehendes (selbstaufgehendes) Mehl.

5 ml/1 TL Salz

350 ml/12 fl oz/1½ Glas Lagerbier

Die Zutaten zu einem glatten Teig verrühren. Zu einer gefetteten 900-g-Kastenform formen, abdecken und 20 Minuten an einem warmen Ort gehen lassen. Im vorgeheizten Backofen bei 190°C/375°F/Gas Stufe 5 45 Minuten backen, bis sie goldbraun und hohl sind, wenn man auf den Boden klopft.

Bostoner Schwarzbrot

Ergibt drei Brote mit 450 g/1 lb

100 g/4 oz/1 Tasse Roggenmehl

100 g Maismehl

100 g/4 oz/1 Tasse Vollkornmehl.

5 ml/1 Teelöffel Natron (Backpulver)

5 ml/1 TL Salz

250 g/9 oz/¾ Tasse schwarzer Melassesirup (Melasse)

500 ml/16 fl oz/2 Tassen Buttermilch

175 g/6 oz/1 Tasse Rosinen

Die trockenen Zutaten untermischen, dann Melasse, Buttermilch und Rosinensirup untermischen und zu einem weichen Teig verrühren. Den Teig in drei gefettete 450-g-Puddingformen geben, mit (gewachstem) Papier und Folie abdecken und mit Bindfaden zubinden, um die Oberseiten zu verschließen. In einen großen Topf geben und mit so viel heißem Wasser füllen, dass es bis zur Hälfte des Topfrandes reicht. Kochen Sie das Wasser auf, decken Sie den Topf ab und lassen Sie es zweieinhalb Stunden köcheln, geben Sie bei Bedarf kochendes Wasser hinzu. Die Schüssel aus der Form nehmen und etwas abkühlen lassen. Warm mit Butter servieren.

Kleie Blumentopf

mach 3

25 g frische Hefe oder 40 ml Trockenhefe

5 ml/1 Teelöffel Zucker

600 ml/1 Pt/2½ Tassen lauwarmes Wasser

675 g/1½ lb/6 Tassen Vollkornmehl.

25 g/1 oz/¼ Tasse Sojamehl

5 ml/1 TL Salz

50 g Kleie

Milch zum Zuckerguss

45 ml/3 Esslöffel Haferflocken

Sie benötigen drei neue, saubere 13 cm/5 Tonblumentöpfe. Gut einfetten und im heißen Ofen 30 Minuten backen, damit sie nicht reißen.

Hefe mit Zucker und etwas warmem Wasser verrühren und aufschäumen lassen. Mehl, Salz und Kleie mischen, in die Mitte eine Mulde drücken. Mischen Sie die warme Wasser-Hefe-Mischung und kneten Sie einen festen Teig. Auf eine bemehlte Arbeitsfläche stürzen und etwa 10 Minuten kneten, bis sie glatt und elastisch sind. Eine andere Möglichkeit ist, dies in einer Küchenmaschine zu tun. Den Teig in eine saubere Schüssel geben, mit gefetteter Frischhaltefolie abdecken und an einem warmen Ort etwa 1 Stunde gehen lassen, bis er sich verdoppelt hat.

Auf eine bemehlte Arbeitsfläche stürzen und erneut 10 Minuten kneten. Drei gefettete Blumentöpfe formen, abdecken und 45 Minuten gehen lassen, sodass der Teig über die Töpfe hinausragt.

Den Teig mit Milch bepinseln und mit zerbröseltem Müsli bestreuen. Im vorgeheizten Backofen bei 230°C/450°F/Gas Stufe 8 15 Minuten backen. Die Ofentemperatur auf 200°C/400°F/Gas

Stufe 6 reduzieren und weitere 30 Minuten backen, bis sie aufgeblasen und fest sind. Herausnehmen und abkühlen lassen.

Gerollte Butter

12 machen

450 g einfacher Weißbrotteig

100 g Butter oder Margarine, gewürfelt

Den Brotteig ausrollen und gehen lassen, bis er sich verdoppelt hat und sich elastisch anfühlt.

Den Teig nochmals durchkneten und mit Butter oder Margarine verrühren. 12 Knödel formen und diese gut auf ein gefettetes (Kuchen-)Backblech legen. Mit geölter Frischhaltefolie (Plastikfolie) abdecken und an einem warmen Ort ca. 1 Stunde gehen lassen, bis sich das Volumen verdoppelt hat.

Im vorgeheizten Backofen bei 230°C/450°F/Gas Stufe 8 20 Minuten backen, bis sie goldbraun und hohl sind, wenn man auf den Boden klopft.

Milchbutterbrot

Ergibt ein Brot mit 675 g/1½ lb

450 g/1 Pfund/4 Tassen einfaches (Allzweck-)Mehl.

5 ml/1 Teelöffel Weinsäure

5 ml/1 Teelöffel Natron (Backpulver)

250 ml/8 fl oz/1 Tasse Buttermilch

Mehl, Weinsahne und Natron in einer Schüssel mischen und in die Mitte eine Mulde drücken. Fügen Sie so viel Buttermilch hinzu, dass ein weicher Teig entsteht. Zu einem Kreis formen und auf ein gefettetes Backblech legen. Im vorgeheizten Backofen bei 220°C/425°F/Gas Stufe 7 20 Minuten backen, bis sie gut aufgegangen und goldbraun sind.

Kanadisches Maisbrot

Ergibt ein 23 cm/9 Laib

150 g/5 oz/1¼ Tasse einfaches Mehl (Allzweckmehl).

75 g Maismehl

15 ml/1 Esslöffel Backpulver

2,5 ml/½ TL Salz

100 g/4 oz/1/3 Tasse Ahornsirup

100 g/4 oz/½ Tasse Schmalz (abgekürzt Schmalz), gerendert

2 Eier, geschlagen

Mischen Sie die trockenen Zutaten, fügen Sie dann Sirup, Backfett und Eier hinzu und rühren Sie, bis alles gut vermischt ist. In eine gefettete 23 cm/9 Blechform füllen und im vorgeheizten Ofen bei 220 °C/425 °F/Gas Stufe 7 25 Minuten lang backen, bis sie gut aufgeblasen und goldbraun sind und ringsum zu schrumpfen beginnen. aus Zinn.

Kornische Brötchen

12 machen

25 g frische Hefe oder 40 ml Trockenhefe

15 ml/1 EL Zucker (sehr fein).

300 ml/½ Pt/1¼ Tasse warme Milch

50 g Butter oder Margarine

450 g/1 Pfund/4 Tassen starkes Weizenmehl (für Brot).

Prise Salz

Die Hefe mit dem Zucker und etwas warmer Milch verrühren und an einem warmen Ort 20 Minuten aufschäumen lassen. Butter oder Margarine in Mehl und Salz einreiben und in die Mitte eine Mulde drücken. Die Hefe und die restliche Milch dazugeben und den weichen Teig verkneten. Kneten, bis er elastisch und nicht klebrig ist. In eine geölte Schüssel geben und mit geölter Frischhaltefolie (Plastikfolie) abdecken. An einem warmen Ort ca. 1 Stunde gehen lassen, bis sich das Volumen verdoppelt hat.

Den Teig zu 12 flachen Rollen formen und auf ein gefettetes Backblech legen. Mit geölter Lebensmittelfolie abdecken und 15 Minuten gehen lassen.

Im vorgeheizten Backofen bei 230°C/450°F/Gas Stufe 8 15-20 Minuten backen, bis sie aufgeblasen und goldbraun sind.

Bauernbrot

Ergibt sechs kleine Brötchen

10 ml/2 TL Trockenhefe

15 ml/1 Esslöffel reiner Honig

120 ml/4 fl oz/½ Tasse warmes Wasser

350 g/12 oz/3 Tassen schweres (Brot-)Mehl

5 ml/1 TL Salz

50 g Butter oder Margarine

5 ml/1 Teelöffel Kreuzkümmel

5 ml/1 TL Korianderpulver

5 ml/1 TL Kardamompulver

120 ml/4 fl oz/½ Tasse warme Milch

60 ml/4 EL Sesam

Hefe und Honig mit 45ml/3 EL warmem Wasser und 15ml/1 EL Mehl verrühren und an einem warmen Ort ca. 20 Minuten schaumig gehen lassen. Das restliche Mehl mit Salz mischen, dann mit Butter oder Margarine bestreichen und Kreuzkümmel, Koriander und Kardamom untermischen und in die Mitte eine Mulde drücken. Hefe, restliches Wasser und so viel Milch zu einem glatten Teig verrühren. Kneten bis glatt und nicht mehr klebrig. In eine geölte Schüssel geben, mit geölter Frischhaltefolie (Plastikfolie) abdecken und an einem warmen Ort etwa 30 Minuten gehen lassen, bis sich das Volumen verdoppelt hat.

Den Teig noch einmal durchkneten, dann zu einem Fladen formen. Auf ein gefettetes (Kuchen-)Backblech legen und mit Milch bedecken. Mit Sesam bestreuen. Mit geölter Lebensmittelfolie abdecken und 15 Minuten gehen lassen.

Im vorgeheizten Backofen bei 200°C/400°F/Gas Stufe 6 30 Minuten goldbraun backen.

Country Poppy Braid

Ergibt ein 450-g-Laib

275 g/10 oz/2½ Tassen einfaches Mehl (Allzweckmehl).

25 g/1 oz/2 EL Puderzucker (fein).

5 ml/1 TL Salz

10 ml/2 TL Trockenhefe zum einfachen Mischen

175 ml Milch

25 g/1 oz/2 EL Butter oder Margarine

1 Ei

Etwas Milch oder Eiweiß für die Glasur

30 ml/2 Esslöffel Mohn

Mehl, Zucker, Salz und Hefe mischen. Milch mit Butter oder Margarine erwärmen, dann Mehl und Eier untermischen und einen zähen Teig kneten. Kneten, bis er elastisch und nicht klebrig ist. In eine geölte Schüssel geben, mit geölter Frischhaltefolie (Plastikfolie) abdecken und an einem warmen Ort ca. 1 Stunde gehen lassen, bis sich das Volumen verdoppelt hat.

Nochmals durchkneten und drei etwa 20 cm lange Wurstformen formen. Befeuchten Sie ein Ende jedes Streifens und heften Sie es zusammen, flechten Sie dann die Streifen zusammen, befeuchten Sie die Enden und kleben Sie sie fest. Auf ein gefettetes (Kuchen-) Blech legen, mit geölter Frischhaltefolie abdecken und etwa 40 Minuten gehen lassen, bis sich das Volumen verdoppelt hat.

Mit Milch oder Eiweiß bestreichen und mit Mohn bestreuen. Im vorgeheizten Ofen bei 190°C/375°F/Gas Stufe 5 ca. 45 Minuten goldbraun backen.

Weizenbrot vom Land

Ergibt zwei Brote mit 450 g/1 lb

20 ml/4 TL Trockenhefe

5 ml/1 Teelöffel Puderzucker (fein).

600 ml/1 Pt/2½ Tassen warmes Wasser

25 g/1 oz/2 EL Pflanzenfett (Fett)

800 g Vollkornmehl.

10 ml/2 TL Salz

10 ml/2 Teelöffel Malzextrakt

1 Ei, geschlagen

25 g/1 oz/¼ Tasse Haferflocken

Die Hefe mit dem Zucker und etwas warmem Wasser verrühren und ca. 20 Minuten aufschäumen lassen. Das Fett mit Mehl, Salz und Malzextrakt verreiben und in die Mitte eine Mulde drücken. Die Hefe und das restliche warme Wasser einrühren und zu einem weichen Teig verrühren. Gut durchkneten, damit es elastisch und nicht klebrig wird. In eine geölte Schüssel geben, mit geölter Frischhaltefolie (Plastikfolie) abdecken und an einem warmen Ort ca. 1 Stunde gehen lassen, bis sich das Volumen verdoppelt hat.

Den Teig erneut durchkneten und zu zwei gefetteten 450-g-Laibformen formen. An einem warmen Ort etwa 40 Minuten gehen lassen, bis der Teig knapp über die Oberseite der Form steigt.

Die Oberseite der Brötchen großzügig mit Ei bestreichen und mit Haferflocken bestreuen. Im vorgeheizten Backofen bei 230°C/450°F/Gas Stufe 8 etwa 30 Minuten backen, bis sie goldbraun und hohl sind, wenn man auf den Boden klopft.

Curry-Zöpfe

Ergibt zwei Brote mit 450 g/1 lb

120 ml/4 fl oz/½ Tasse warmes Wasser

30 ml/2 Esslöffel Trockenhefe

225 g/8 Unzen/2/3 Tassen reiner Honig

25 g/1 oz/2 EL Butter oder Margarine

30 ml/2 EL Currypulver

675 g/1½ lb/6 Tassen einfaches Mehl (Allzweckmehl).

10 ml/2 TL Salz

450 ml/¾ pt/2 Tasse Buttermilch

1 Ei

10 ml/2 TL Wasser

45 ml/3 EL gehackte Mandeln

Mischen Sie Wasser mit Hefe und 5 ml/1 Teelöffel Honig und lassen Sie es 20 Minuten lang stehen, bis es schaumig wird. Butter oder Margarine schmelzen, Curry untermischen und bei schwacher Hitze 1 Minute garen. Den restlichen Honig einrühren und herausnehmen. Die Hälfte des Mehls und des Salzes in eine Schüssel geben und in die Mitte eine Mulde drücken. Hefemischung, Honig-Buttermilch-Mischung hinzugeben und das restliche Mehl nach und nach unter Rühren zum weichen Teig geben. Kneten, bis es glatt und elastisch ist. In eine geölte Schüssel geben, mit geölter Frischhaltefolie abdecken und an einem warmen Ort ca. 1 Stunde ruhen lassen, bis sich das Volumen verdoppelt hat.

Nochmals durchkneten und den Teig halbieren. Schneiden Sie jedes Stück in Drittel und rollen Sie es auf 20 cm/8 in einer Wurstform auf. Befeuchten Sie ein Ende jedes Streifens und drücken Sie ihn in zwei Dreiergruppen zusammen, um ihn zu versiegeln. Flechten Sie die beiden Streifenpaare und kleben Sie die Enden zusammen. Auf ein gefettetes (Kuchen-)Backblech legen, mit geöltem Pergamentpapier (Plastikfolie) abdecken und ca. 40 Minuten gehen lassen, bis sich die Größe verdoppelt hat.

Das Ei mit Wasser verquirlen und das Brot mit einem Pinsel bestreichen, dann mit Mandeln bestreuen. Im vorgeheizten Ofen bei 190°C/375°F/Gas Stufe 5 40 Minuten backen, bis sie goldbraun und hohl sind, wenn man auf den Boden klopft.

Devonische Spaltung

12 machen

25 g frische Hefe oder 40 ml Trockenhefe

5 ml/1 Teelöffel Puderzucker (fein).

150 ml/¼ pt/2/3 Tasse warme Milch

50 g Butter oder Margarine

450 g/1 Pfund/4 Tassen starkes Weizenmehl (für Brot).

150 ml/¼ pt/2/3 Tasse warmes Wasser

Die Hefe mit dem Zucker und etwas warmer Milch verrühren und an einem warmen Ort 20 Minuten schaumig gehen lassen. Butter oder Margarine auf das Mehl streichen und in die Mitte eine Mulde drücken. Die Hefe, die restliche Milch und das Wasser dazugeben und den weichen Teig verkneten. Kneten, bis er elastisch und nicht klebrig ist. In eine geölte Schüssel geben und mit geölter Frischhaltefolie (Plastikfolie) abdecken. An einem warmen Ort ca. 1 Stunde gehen lassen, bis sich das Volumen verdoppelt hat.

Den Teig zu 12 flachen Rollen formen und auf ein gefettetes Backblech legen. 15 Minuten aufgehen lassen.

Im vorgeheizten Backofen bei 230°C/450°F/Gas Stufe 8 15-20 Minuten backen, bis sie gut aufgegangen und goldbraun sind.

Brot mit Fruchtweizenkeimen

Ergibt ein 900-g-Laib

225 g/8 oz/2 Tassen einfaches Mehl (Allzweckmehl).

5 ml/1 TL Salz

5 ml/1 Teelöffel Natron (Backpulver)

5 ml/1 TL Backpulver

175 g/6 oz/1½ Tassen Weizenkeime

100 g Maismehl

100 g/4 Unzen/1 Tasse Haferflocken

350 g/12 oz/2 Tassen Sultaninen (goldene Rosinen)

1 Ei, kurz schlagen

250 ml/8 fl oz/1 Tasse Naturjoghurt

150 ml/¼ pt/2/3 Tasse schwarzer Melassesirup (Melasse)

60 ml/4 EL goldener Sirup (junger Mais).

30 ml/2 Esslöffel Öl

Trockene Zutaten und Sultaninen mischen und in die Mitte eine Mulde drücken. Eier, Joghurt, Melassesirup und Öl verrühren, dann unter die trockenen Zutaten mischen und zu einem glatten Teig verrühren. In eine eingefettete 900-g-Backform (Kuchenform) formen und im vorgeheizten Ofen bei 180 °C/350 °F/Gas Stufe 4 1 Stunde lang backen, bis sie sich fest anfühlt. 10 Minuten in den Formen abkühlen lassen, bevor sie zum Abkühlen auf ein Kuchengitter stürzen.

Zopf aus Fruchtmilch

Ergibt zwei Brote mit 450 g/1 lb

15 g/½ oz Frischhefe oder 20 ml/4 TL Trockenhefe

5 ml/1 Teelöffel Puderzucker (fein).

450 ml/¾ pt/2 Tassen warme Milch

50 g Butter oder Margarine

675 g/1½ lb/6 Tassen einfaches Mehl (Allzweckmehl).

Prise Salz

100 g Rosinen

25 g/1 oz/3 EL Rosinen

25 g/1 oz/3 Esslöffel gehackte Schalenmischung (kandiert).

Glas Milch

Hefe mit Zucker und etwas warmer Milch verrühren. An einem warmen Ort ca. 20 Minuten schaumig gehen lassen. Butter oder Margarine in Mehl und Salz einreiben, Rosinen-Rosinen-Schalen-Mischung daruntermischen und in die Mitte eine Mulde drücken. Die restliche warme Milch und die Hefe unterrühren und einen weichen, aber nicht klebrigen Teig kneten. In eine geölte Schüssel geben und mit geölter Frischhaltefolie (Plastikfolie) abdecken. An einem warmen Ort ca. 1 Stunde gehen lassen, bis sich das Volumen verdoppelt hat.

Etwas weiter kneten, dann halbieren. Jede Hälfte dritteln und zu Würstchen rollen. Befeuchten Sie ein Ende jeder Rolle und drücken Sie alle drei vorsichtig zusammen, dann flechten Sie den Teig, befeuchten Sie ihn und drücken Sie die Enden zusammen. Mit dem anderen Teigzopf wiederholen. Auf ein gefettetes Backblech (Plätzchen) legen, mit geölter Frischhaltefolie (Folie) abdecken und ca. 15 Minuten gehen lassen.

Mit etwas Milch bepinseln, dann im vorgeheizten Ofen bei 200°C/400°F/Gas Stufe 6 für 30 Minuten backen, bis sie goldbraun und hohl sind, wenn man auf den Boden klopft.

Drahtbrot

Ergibt zwei 900-g-Laibe

25 g frische Hefe oder 40 ml Trockenhefe

5 ml/1 Teelöffel Honig

450 ml/¾ pt/2 Tassen warmes Wasser

350 g/12 oz/3 Tassen Vollkornmehl

350 g/12 oz/3 Tassen Vollkornmehl.

15 ml/1 Esslöffel Salz

15 g/½ oz/1 EL Butter oder Margarine

Die Hefe mit dem Honig und etwas warmem Wasser verrühren und ca. 20 Minuten an einem warmen Ort stehen lassen, bis sie schaumig wird. Mehl und Salz mischen und mit Butter oder Margarine bestreichen. Mischen Sie den Hefeteig und so viel warmes Wasser, dass ein glatter Teig entsteht. Auf einer leicht bemehlten Oberfläche kneten, bis sie glatt und nicht mehr klebrig sind. In eine geölte Schüssel geben, mit geölter Frischhaltefolie (Plastikfolie) abdecken und an einem warmen Ort ca. 1 Stunde gehen lassen, bis sich das Volumen verdoppelt hat.

Erneut durchkneten und zu zwei gefetteten 900-g-Kastenformen formen. Mit geölter Lebensmittelfolie abdecken und gehen lassen, bis der Teig die Oberseite der Form erreicht.

Im vorgeheizten Backofen bei 220°C/425°F/Gas Stufe 7 25 Minuten backen, bis sie goldbraun und hohl sind, wenn man auf den Boden klopft.

Scheunenrolle

12 machen

15 g/½ oz Frischhefe oder 20 ml/2 ½ EL Trockenhefe

5 ml/1 Teelöffel Puderzucker (fein).

300 ml/½ Pt/1¼ Tasse warmes Wasser

450 g/1 Pfund/4 Tassen Vollkornmehl

5 ml/1 TL Salz

5 ml/1 Esslöffel Malzextrakt

30 ml/2 Esslöffel Haferflocken

Die Hefe mit dem Zucker und etwas warmem Wasser verrühren und an einem warmen Ort stehen lassen, bis sie schäumt. Mehl und Salz mischen, dann Hefemischung, restliches warmes Wasser und Malzextrakt einrühren. Auf einer leicht bemehlten Arbeitsfläche kneten, bis sie glatt und elastisch sind. In eine geölte Schüssel geben, mit geölter Frischhaltefolie (Plastikfolie) abdecken und an einem warmen Ort ca. 1 Stunde gehen lassen, bis sich das Volumen verdoppelt hat.

Etwas kneten, dann zu einer Rolle formen und auf ein gefettetes Backblech (Kuchen) legen. Mit Wasser bedecken und mit Haferflocken bestreuen. Mit geölter Frischhaltefolie abdecken und an einem warmen Ort ca. 40 Minuten gehen lassen, bis sich das Volumen verdoppelt hat.

Im vorgeheizten Backofen bei 220°C/425°F/Gas Stufe 7 10-15 Minuten backen, bis sie hohl klingen, wenn man auf die Unterseite klopft.

Drahtbrot mit Haselnüssen

Ergibt ein 900-g-Laib

15 g/½ oz Frischhefe oder 20 ml/4 TL Trockenhefe

5 ml/1 Teelöffel weicher brauner Zucker

450 ml/¾ pt/2 Tassen warmes Wasser

450 g/1 Pfund/4 Tassen Vollkornmehl

175 g Allzweckmehl (für Brot).

5 ml/1 TL Salz

15 ml/1 Esslöffel Olivenöl

100 g/4 oz/1 Tasse Haselnüsse, grob gehackt

Die Hefe mit dem Zucker und etwas warmem Wasser verrühren und 20 Minuten an einem warmen Ort aufschäumen lassen. Mehl und Salz in einer Schüssel mischen, Hefe, Öl und restliches warmes Wasser dazugeben und den zähen Teig kneten. Kneten bis glatt und nicht mehr klebrig. In eine geölte Schüssel geben, mit geölter Frischhaltefolie (Plastikfolie) abdecken und an einem warmen Ort ca. 1 Stunde gehen lassen, bis sich das Volumen verdoppelt hat.

Etwas weiter kneten und die Walnüsse unterheben, dann zu einer gefetteten 900-g-Laibpfanne formen, mit geölter Frischhaltefolie abdecken und 30 Minuten an einem warmen Ort gehen lassen, damit der Teig bis zum Rand der Pfanne aufgehen kann. .

Im vorgeheizten Ofen bei 220°C/425°F/Gas Stufe 7 30 Minuten backen, bis sie goldbraun und hohl sind, wenn man auf den Boden klopft.

Brot

12 machen

25 g frische Hefe oder 40 ml Trockenhefe

15 ml/1 EL Zucker (sehr fein).

120 ml/4 fl oz/½ Tasse warme Milch

25 g/1 oz/2 EL Butter oder Margarine

450 g/1 Pfund/4 Tassen starkes Weizenmehl (für Brot).

10 ml/2 TL Salz

Die Hefe mit 5 ml/1 Teelöffel Zucker und etwas warmer Milch verrühren und an einem warmen Ort 20 Minuten aufschäumen lassen. Butter und restlichen Zucker in der restlichen warmen Milch auflösen. Mehl und Salz in eine Schüssel geben und in die Mitte eine Mulde drücken. Die Hefe-Milch-Mischung zugießen und zu einem feuchten Teig verrühren. Glatt kneten. In eine geölte Schüssel geben, mit geölter Frischhaltefolie (Plastikfolie) abdecken und an einem warmen Ort ca. 1 Stunde gehen lassen, bis sich das Volumen verdoppelt hat.

Etwas durchkneten, dann in 12 Stücke teilen und zu langen dünnen Stangen rollen, die separat auf ein gefettetes (Kuchen-)Backblech gelegt werden. Mit geölter Lebensmittelfolie abdecken und an einem warmen Ort 20 Minuten gehen lassen.

Brotstangen mit Wasser bestreichen, dann im vorgeheizten Ofen bei 220°C/425°F/Gas Stufe 7 für 10 Minuten backen, dann die Ofentemperatur auf 180°C/350°F/Gas Stufe 4 senken und leicht backen. Weitere 20 Minuten bis sie knusprig sind.

Zöpfe ernten

Ergibt ein 550-g-Laib

25 g frische Hefe oder 40 ml Trockenhefe

25 g/1 oz/2 EL Puderzucker (fein).

150 ml/¼ pt/2/3 Tasse warme Milch

50 g/2 oz/¼ Tasse Butter oder Margarine, geschmolzen

1 Ei, geschlagen

450 g/1 Pfund/4 Tassen einfaches (Allzweck-)Mehl.

Prise Salz

30 ml/2 Esslöffel Rosinen

2,5 ml/½ Teelöffel Zimtpulver

5 ml/1 TL abgeriebene Zitronenschale

Glas Milch

Die Hefe mit 2,5 ml/½ TL Kristallzucker und etwas warmer Milch verrühren und an einem warmen Ort ca. 20 Minuten ruhen lassen, bis sie schaumig wird. Die restliche Milch mit Butter oder Margarine verrühren und leicht abkühlen lassen. Rühren Sie die Eier. Die restlichen Zutaten in eine Schüssel geben und in der Mitte ein Loch machen. Milch-Hefe-Mischung unterrühren und zu einem weichen Teig verkneten. Kneten, bis er elastisch und nicht klebrig ist. In eine geölte Schüssel geben und mit geölter Frischhaltefolie (Plastikfolie) abdecken. An einem warmen Ort ca. 1 Stunde gehen lassen, bis sich das Volumen verdoppelt hat.

Den Teig dritteln und in Stücke rollen. Befeuchten Sie ein Ende jedes Streifens und kleben Sie die Enden zusammen, flechten Sie sie dann zusammen und befeuchten und befestigen Sie das andere Ende. Auf ein gefettetes (Kuchen-)Backblech legen, mit geöltem Pergamentpapier abdecken und an einem warmen Ort 15 Minuten gehen lassen.

Mit etwas Milch bestreichen und im vorgeheizten Ofen bei 220°C/Gas Stufe 7 15-20 Minuten backen, bis sie goldbraun und hohl sind, wenn man auf den Boden klopft.

Milchbrot

Ergibt zwei Brote mit 450 g/1 lb

15 g/½ oz Frischhefe oder 20 ml/4 TL Trockenhefe

5 ml/1 Teelöffel Puderzucker (fein).

450 ml/¾ pt/2 Tassen warme Milch

50 g Butter oder Margarine

675 g/1½ lb/6 Tassen einfaches Mehl (Allzweckmehl).

Prise Salz

Glas Milch

Hefe mit Zucker und etwas warmer Milch verrühren. An einem warmen Ort ca. 20 Minuten schaumig gehen lassen. Butter oder Margarine in Mehl und Salz einreiben und in die Mitte eine Mulde drücken. Die restliche warme Milch und die Hefe unterrühren und einen weichen, aber nicht klebrigen Teig kneten. In eine geölte Schüssel geben und mit geölter Frischhaltefolie (Plastikfolie) abdecken. An einem warmen Ort ca. 1 Stunde gehen lassen, bis sich das Volumen verdoppelt hat.

Etwas weiter kneten, dann den Teig auf zwei gefettete 450-g-Kastenformen verteilen, mit gefetteter Frischhaltefolie abdecken und etwa 15 Minuten gehen lassen, bis der Teig knapp über dem Rand der Form steht.

Mit etwas Milch bepinseln, dann im vorgeheizten Ofen bei 200°C/400°F/Gas Stufe 6 für 30 Minuten backen, bis sie goldbraun und hohl sind, wenn man auf den Boden klopft.

Milchfruchtbrot

Ergibt zwei Brote mit 450 g/1 lb

15 g/½ oz Frischhefe oder 20 ml/4 TL Trockenhefe

5 ml/1 Teelöffel Puderzucker (fein).

450 ml/¾ pt/2 Tassen warme Milch

50 g Butter oder Margarine

675 g/1½ lb/6 Tassen einfaches Mehl (Allzweckmehl).

Prise Salz

100 g Rosinen

Glas Milch

Hefe mit Zucker und etwas warmer Milch verrühren. An einem warmen Ort ca. 20 Minuten schaumig gehen lassen. Mehl und Salz mit Butter oder Margarine einreiben, Rosinen untermischen und in die Mitte ein Loch formen. Die restliche warme Milch und die Hefe unterrühren und einen weichen, aber nicht klebrigen Teig kneten. In eine geölte Schüssel geben und mit geölter Frischhaltefolie (Plastikfolie) abdecken. An einem warmen Ort ca. 1 Stunde gehen lassen, bis sich das Volumen verdoppelt hat.

Etwas weiter kneten, dann den Teig auf zwei gefettete 450-g-Kastenformen verteilen, mit gefetteter Frischhaltefolie abdecken und etwa 15 Minuten gehen lassen, bis der Teig knapp über dem Rand der Form steht.

Mit etwas Milch bepinseln, dann im vorgeheizten Ofen bei 200°C/400°F/Gas Stufe 6 für 30 Minuten backen, bis sie goldbraun und hohl sind, wenn man auf den Boden klopft.

Brot am Morgen

Ergibt zwei Brote mit 450 g/1 lb

100 g/4 oz/1 Tasse ganze Haferflocken

15 ml/1 Esslöffel Malzextrakt

450 ml/¾ pt/2 Tassen warmes Wasser

25 g frische Hefe oder 40 ml Trockenhefe

30 ml/2 Esslöffel reiner Honig

25 g/1 oz/2 EL Pflanzenfett (Fett)

675 g/1½ lb/6 Tassen Vollkornmehl.

25 g/1 oz/¼ Tasse Milchpulver (fettfreie Trockenmilch)

5 ml/1 TL Salz

Vollkornkeime und Malzextrakt über Nacht in warmem Wasser einweichen.

Die Hefe mit etwas warmem Wasser und 5 ml/1 Teelöffel Honig verrühren. Lassen Sie es etwa 20 Minuten an einem warmen Ort, bis es schäumt. Reiben Sie das Fett in das Mehl, das Milchpulver und das Salz und machen Sie dann ein Loch in der Mitte. Hefemischung, restlichen Honig und Hafermischung unterrühren und unter den Teig rühren. Kneten bis glatt und nicht mehr klebrig. In eine geölte Schüssel geben, mit geölter Frischhaltefolie (Plastikfolie) abdecken und an einem warmen Ort ca. 1 Stunde gehen lassen, bis sich das Volumen verdoppelt hat.

Den Teig erneut durchkneten und dann zu zwei gefetteten Kastenformen mit je 450 g/1 lb formen. Mit geölter Lebensmittelfolie abdecken und 40 Minuten an einem warmen Ort gehen lassen, sodass der Teig knapp über die Oberseite der Form reicht.

Im vorgeheizten Ofen bei 200°C/Gas Stufe 7 ca. 25 Minuten backen, bis er aufgeblasen ist und beim Klopfen auf den Boden hohl klingt.

Muffins

Ergibt zwei 900-g-Laibe

300 g Vollkornmehl.

300 g/10 oz/2½ Tassen einfaches Mehl (Allzweckmehl).

40ml/2½ EL Trockenhefe

15 ml/1 EL Zucker (sehr fein).

10 ml/2 TL Salz

500 ml/17 fl oz/2¼ Tasse lauwarme Milch

2,5 ml/½ TL Natron (Backpulver)

15 ml/1 Esslöffel warmes Wasser

Mehl zusammen mischen. Messen Sie 350 g Allzweckmehl in eine Schüssel und rühren Sie Hefe, Zucker und Salz ein. Die Milch einrühren und zu einer steifen Masse schlagen. Natron und Wasser mischen und mit dem restlichen Mehl unter den Teig mischen. Die Mischung auf zwei gefettete 900-g-Kastenformen (Pfannen) verteilen, abdecken und etwa 1 Stunde gehen lassen, bis sich das Volumen verdoppelt hat.

Im vorgeheizten Backofen bei 190°C/375°F/Gas Stufe 5 1¼ Stunden backen, bis sie gut aufgegangen und goldbraun sind.

Brot ohne aufzugehen

Ergibt ein 900-g-Laib

450 g Vollkornmehl.

175 g/6 Unzen/1½ Tassen einfaches Mehl (selbstaufgehend).

5 ml/1 TL Salz

30 ml/2 Esslöffel Puderzucker (fein).

450 ml/¾ pt/2 Tassen Milch

20 ml/4 TL Essig

30 ml/2 Esslöffel Öl

5 ml/1 Teelöffel Natron (Backpulver)

Mehl, Salz und Zucker mischen, in die Mitte eine Mulde drücken. Milch, Essig, Öl und Natron verquirlen, die trockenen Zutaten hinzufügen und zu einer glatten Masse verrühren. In eine gefettete 900-g-Laibform (Backblech) formen und im vorgeheizten Ofen bei 180 °C/350 °F/Gasstufe 4 1 Stunde lang backen, bis sie goldbraun sind und die Kerne, wenn man auf die Seite klopft.

Pizzateig

Ausreichend für zwei 23 cm/9 Pizzen

15 g/½ oz Frischhefe oder 20 ml/4 TL Trockenhefe

Etwas Zucker

250 ml/8 fl oz/1 Tasse warmes Wasser

350 g/12 oz/3 Tassen einfaches Mehl (Allzweckmehl).

Prise Salz

30 ml/2 EL Olivenöl

Die Hefe mit dem Zucker und etwas warmem Wasser verrühren und 20 Minuten an einem warmen Ort aufschäumen lassen. Mehl mit Salz und Olivenöl mischen und kneten, bis es glatt und nicht mehr klebrig ist. In eine geölte Schüssel geben, mit geölter Frischhaltefolie (Plastikfolie) abdecken und an einem warmen Ort 1 Stunde gehen lassen, bis sich das Volumen verdoppelt hat. Nochmals durchkneten und wie gewünscht formen.

Haferflocken

Ergibt ein 450-g-Laib

25 g frische Hefe oder 40 ml Trockenhefe

5 ml/1 Teelöffel Puderzucker (fein).

150 ml/¼ Pt/2/3 Tasse lauwarme Milch

150 ml/¼ pt/2/3 Tasse lauwarmes Wasser

400 g starkes Weizenmehl (für Brot).

5 ml/1 TL Salz

25 g/1 oz/2 EL Butter oder Margarine

100 g/4 Unzen/1 Tasse mittlere Haferflocken

Hefe und Zucker mit Milch und Wasser verrühren und an einem warmen Ort schaumig gehen lassen. Mehl und Salz mischen, dann mit Butter oder Margarine bestreichen und die Haferflocken untermischen. Machen Sie eine Vertiefung in der Mitte, gießen Sie die Hefe hinein und mischen Sie den weichen Teig. Auf eine bemehlte Fläche stürzen und 10 Minuten kneten, bis er glatt und elastisch wird. In eine geölte Schüssel geben, mit geölter Frischhaltefolie (Plastikfolie) abdecken und an einem warmen Ort ca. 1 Stunde gehen lassen, bis sich das Volumen verdoppelt hat.

Wir kneten den Teig noch einmal und formen dann die Bratlinge Ihrer Wahl. Auf ein gefettetes (Kuchen-)Backblech legen, mit wenig Wasser bepinseln, mit geöltem Backpapier abdecken und an einem warmen Ort etwa 40 Minuten gehen lassen, bis sich das Volumen verdoppelt hat.

Im vorgeheizten Ofen bei 230°C/450°F/Gas Stufe 8 25 Minuten backen, bis sie gut aufgegangen und goldbraun und hohl sind, wenn man auf den Boden klopft.

Haferflocken Farl

Mach 4

25 g frische Hefe oder 40 ml Trockenhefe

5 ml/1 Teelöffel Honig

300 ml/½ Pt/1¼ Tasse warmes Wasser

450 g/1 Pfund/4 Tassen starkes Weizenmehl (für Brot).

50 g/2 Unzen/½ Tasse mittlere Haferflocken

2,5 ml/½ TL Backpulver

Prise Salz

25 g/1 oz/2 EL Butter oder Margarine

Die Hefe mit dem Honig und etwas warmem Wasser verrühren und an einem warmen Ort 20 Minuten aufschäumen lassen.

Mehl, Haferflocken, Backpulver und Salz mischen und mit Butter oder Margarine bestreichen. Hefe und restliches warmes Wasser einrühren und zu einem mittelfesten Teig verrühren. Kneten, bis er elastisch und nicht klebrig ist. In eine geölte Schüssel geben, mit geölter Frischhaltefolie (Plastikfolie) abdecken und an einem warmen Ort ca. 1 Stunde gehen lassen, bis sich das Volumen verdoppelt hat.

Nochmals durchkneten und zu einem 3 cm/1¼ dicken Kreis formen. In Viertel schneiden und mit etwas Abstand, aber noch in seiner ursprünglichen runden Form, auf ein gefettetes (Kuchen-)Backblech legen. Mit geölter Frischhaltefolie abdecken und etwa 30 Minuten gehen lassen, bis sich die Größe verdoppelt hat.

Im vorgeheizten Backofen bei 200°C/400°F/Gas Stufe 6 30 Minuten backen, bis sie goldbraun und hohl sind, wenn man auf den Boden klopft.

Pita-Brot

6 machen

15 g/½ oz Frischhefe oder 20 ml/4 TL Trockenhefe

5 ml/1 Teelöffel Puderzucker (fein).

300 ml/½ Pt/1¼ Tasse warmes Wasser

450 g/1 Pfund/4 Tassen starkes Weizenmehl (für Brot).

5 ml/1 TL Salz

Hefe, Zucker und etwas warmes Wasser mischen und an einem warmen Ort 20 Minuten aufschäumen lassen. Die Hefemischung und das restliche warme Wasser mit Mehl und Salz verrühren und zu einem festen Teig verkneten. Kneten, bis es glatt und elastisch ist. In eine geölte Schüssel geben, mit geölter Frischhaltefolie (Plastikfolie) abdecken und an einem warmen Ort ca. 1 Stunde gehen lassen, bis sich das Volumen verdoppelt hat.

Nochmals durchkneten und in sechs Teile teilen. Rollen Sie es zu einem Oval von ¼/5 mm Dicke und legen Sie es auf ein gefettetes Backblech. Mit geölter Frischhaltefolie abdecken und 40 Minuten gehen lassen, bis sich das Volumen verdoppelt hat.

Im vorgeheizten Backofen bei 230°C/450°F/Gas Stufe 8 10 Minuten goldbraun backen.

Schnelles Schwarzbrot

Ergibt zwei Brote mit 450 g/1 lb

15 g/½ oz Frischhefe oder 20 ml/4 TL Trockenhefe

300 ml/½ pt/1¼ Tasse gemischt mit warmer Milch und Wasser

15 ml/1 Esslöffel schwarze Melasse

225 g/8 oz/2 Tassen Vollkornmehl

225 g/8 oz/2 Tassen einfaches Mehl (Allzweckmehl).

10 ml/2 TL Salz

25 g/1 oz/2 EL Butter oder Margarine

15 ml/1 Esslöffel Haferflocken

Die Hefe mit etwas warmer Milch und Wasser und Melasse verrühren und an einem warmen Ort schaumig gehen lassen. Mehl und Salz mischen und mit Butter oder Margarine bestreichen. In der Mitte ein Loch machen und die Hefemischung hineingeben und zu einem festen Teig verkneten. Auf eine bemehlte Oberfläche stürzen und 10 Minuten kneten, bis sie glatt und elastisch sind, oder in einer Küchenmaschine verarbeiten. Zu zwei Patties formen und in eine gefettete und mit Backpapier ausgelegte 450-g-Laibpfanne legen. Die Oberseite mit Wasser bestreichen und mit zerkleinertem Müsli bestreuen. Mit gefetteter Frischhaltefolie (Plastikfolie) abdecken und an einem warmen Ort ca. 1 Stunde gehen lassen, bis sich das Volumen verdoppelt hat.

Im vorgeheizten Backofen bei 240°C/475°F/Gas Stufe 8 40 Minuten backen, bis die Patties knistern, wenn man auf die Unterseite klopft.

Durchnässte Reisbrötchen

Ergibt ein 900-g-Laib

75 g Langkornreis

15 g/½ oz Frischhefe oder 20 ml/4 TL Trockenhefe

Etwas Zucker

250 ml/8 fl oz/1 Tasse warmes Wasser

550 g/1¼ lb/5 Tassen starkes (Brot-)Mehl

2,5 ml/½ TL Salz

Messen Sie den Reis in eine Tasse und gießen Sie ihn dann in den Topf. Mit der dreifachen Menge kaltem Wasser aufgießen, aufkochen und zugedeckt ca. 20 Minuten köcheln lassen, bis das Wasser aufgesogen ist. In der Zwischenzeit die Hefe mit dem Zucker und etwas warmem Wasser verrühren und 20 Minuten an einem warmen Ort ruhen lassen, bis sie schäumt.

Mehl und Salz in eine Schüssel geben und in die Mitte eine Mulde drücken. Die warme Hefe-Reis-Mischung unterrühren und zu einem weichen Teig verrühren. In eine geölte Schüssel geben, mit geölter Frischhaltefolie (Plastikfolie) abdecken und an einem warmen Ort ca. 1 Stunde gehen lassen, bis sich das Volumen verdoppelt hat.

Vorsichtig kneten, etwas mehr Mehl hinzufügen, wenn der Teig zu weich zum Verarbeiten ist, und zu einer gefetteten 900-g-Laibform formen. Mit geölter Lebensmittelfolie abdecken und 30 Minuten an einem warmen Ort gehen lassen, damit der Teig über die Oberseite der Pfanne steigt.

Im vorgeheizten Ofen bei 230°C/450°F/Gas Stufe 8 10 Minuten backen, dann die Ofentemperatur auf 200°C/400°F/Gas Stufe 6 reduzieren und weitere 25 Minuten backen, bis sie goldbraun und leer sind. - ist beim Auftreffen auf die Basis zu hören.

Reis und Mandelbrot

Ergibt ein 900-g-Laib

175 g/6 oz/¾ Tasse Butter oder Margarine, aufgeweicht

175 g (sehr feiner) Zucker

3 Eier, kurz schlagen

100 g/4 oz/1 Tasse starkes (Brot-)Mehl

5 ml/1 TL Backpulver

Prise Salz

100 g/4 oz/1 Tasse gemahlener Reis

50 g/2 Unzen/½ Tasse gemahlene Mandeln

15 ml/1 Esslöffel warmes Wasser

Butter oder Margarine und Zucker schaumig schlagen. Die Eier nach und nach schlagen, dann die trockenen Zutaten und das Wasser hinzufügen, bis ein glatter Teig entsteht. In eine gefettete 900-g-Laibform (Backblech) formen und im vorgeheizten Ofen bei 180 °C/350 °F/Gasstufe 4 1 Stunde lang backen, bis sie goldbraun sind und die Kerne, wenn man auf die Seite klopft.

Knuspriger Toast

Mach es 24

675 g/1½ lb/6 Tassen einfaches Mehl (Allzweckmehl).

15 ml/1 Esslöffel Weinsäure

10 ml/2 TL Salz

400 g (sehr feiner) Zucker

250 g/9oz/groß 1 Tasse Butter oder Margarine

10 ml/2 TL Natron (Backpulver)

250 ml/8 fl oz/1 Tasse Buttermilch

1 Ei

Mehl, Sahne und Salz mischen. Zucker einrühren. Butter oder Margarine aufstreichen, bis der Teig wie Semmelbrösel aussieht, und in der Mitte ein Loch machen. Backpulver mit etwas Buttermilch mischen und die Eier in die restliche Buttermilch rühren. 30 ml/2 Esslöffel der Eimasse für die Toastglasur zurückbehalten. Den Rest mit der Natronmischung unter die trockenen Zutaten mischen und zu einem festen Teig verrühren. Den Teig in sechs gleiche Teile teilen und Würstchen formen. Jeweils etwas flach drücken und in sechs Stücke schneiden. Auf ein gefettetes Backblech (für den Kuchen) streichen und mit der beiseitegelegten Eimischung bestreichen. Im vorgeheizten Ofen bei 200°C/400°F/Gas Stufe 6 30 Minuten goldbraun backen.

Roggenbrot

Ergibt zwei Brote mit 450 g/1 lb

25 g frische Hefe oder 40 ml Trockenhefe

15 ml/1 Esslöffel feiner brauner Zucker

300 ml/½ Pt/1¼ Tasse warmes Wasser

450 g/1 Pfund/4 Tassen Roggenmehl

225 g Allzweckmehl (Brot).

5 ml/1 TL Salz

5 ml/1 Teelöffel Kreuzkümmel

150 ml/¼ pt/2/3 Tasse warme Milch

Die Hefe mit dem Zucker und etwas warmem Wasser verrühren und an einem warmen Ort stehen lassen, bis sie schäumt. Mehl, Salz und Kreuzkümmel mischen, in die Mitte eine Mulde drücken. Hefe, Milch und restliches Wasser einrühren und zu einem festen Teig verkneten. Auf eine bemehlte Oberfläche stürzen und 8 Minuten kneten, bis sie glatt und elastisch sind, oder in einer Küchenmaschine verarbeiten. In eine geölte Schüssel geben, mit geölter Frischhaltefolie (Plastikfolie) abdecken und an einem warmen Ort ca. 1 Stunde gehen lassen, bis sich das Volumen verdoppelt hat. Nochmals durchkneten, dann zwei Patties formen und auf ein gefettetes (Kuchen-)Backblech legen. Mit geölter Lebensmittelfolie abdecken und 30 Minuten gehen lassen.

Im vorgeheizten Backofen bei 220°C/Gas Stufe 7 für 15 Minuten backen, dann die Ofentemperatur auf 190°C/375°F/Gas Stufe 5 für weitere 25 Minuten reduzieren, bis das Brot beim Backen hohl klingt. angezapft basiert.

Wabenring

Machen Sie eine 20 cm/8 in den Reifen

Für den Teig:

100 g Butter oder Margarine

350 g/12 oz/3 Tassen selbstaufgehendes Mehl

Prise Salz

1 Ei

150 ml/¼ pt/2/3 Tasse Milch

Für die Füllung:

100 g Butter oder Margarine, weich

60 ml/4 Esslöffel reiner Honig

15 ml/1 EL Demerara-Zucker

Für den Teig Mehl und Salz mit Butter oder Margarine verreiben, bis der Teig wie Semmelbrösel aussieht. Eier und Milch verquirlen, dann so weit unter die Mehlmischung mischen, dass ein weicher Teig entsteht. Auf einer leicht bemehlten Arbeitsfläche zu einem 30 cm großen Quadrat ausrollen.

Für eine cremige Füllung Butter oder Margarine und Honig mischen. 15 ml/1 EL Teig zurückbehalten und den Rest über den Teig verteilen. Wie eine Biskuitrolle rollen, dann in acht Keile schneiden. Die Scheiben in einer gefetteten 20 cm/8 Kuchenform verteilen, sieben an den Rändern und eine in der Mitte. Mit der beiseite gestellten Honigmischung bestreichen und mit Zucker bestreuen. Die Scones im vorgeheizten Backofen bei 190°C/375°F/Gas Stufe 5 für 30 Minuten goldbraun backen. 10 Minuten in den Formen abkühlen lassen, bevor sie zum Abkühlen auf ein Kuchengitter stürzen.

Müsli-Muffins

Machen Sie 8 Scheiben

100 g/4 oz/1 Tasse Müsli

150 ml/¼ pt/2/3 Tassen Wasser

50 g Butter oder Margarine

100 g/4 oz/1 Tasse einfaches (Allzweck) oder Vollkornmehl (Vollkornmehl).

10 ml/2 TL Backpulver

50 g/2 oz/1/3 Tasse Rosinen

1 Ei, geschlagen

Müsli 30 Minuten in Wasser einweichen. Mehl und Backpulver mit Butter oder Margarine verreiben, bis der Teig wie Paniermehl aussieht, dann die eingeweichten Rosinen und das Müsli dazugeben und zu einem weichen Teig verrühren. Zu einem 20 cm großen Kreis formen und auf einem gefetteten (Keks-) Blech flach drücken. Eine Portion in acht Stücke schneiden und mit verquirltem Ei bestreichen. Im vorgeheizten Ofen bei 230°C/450°F/Gas Stufe 8 ca. 20 Minuten goldbraun backen.

Orangen- und Rosinenmuffin

12 machen

50 g Butter oder Margarine

225 g/8 oz/2 Tassen einfaches Mehl (Allzweckmehl).

2,5 ml/½ TL Natron (Backpulver)

100 g Rosinen

5 ml/1 TL abgeriebene Orangenschale

60 ml/4 Esslöffel Orangensaft

60 ml/4 Esslöffel Milch

Milch zum Zuckerguss

Reiben Sie die Butter oder Margarine in das Mehl und das Backpulver, fügen Sie dann die Rosinen und die Orangenschale hinzu. Orangensaft und Milch zu einem weichen Teig verrühren. Auf einer leicht bemehlten Fläche ca. 2,5 cm/l dick ausrollen und mit einem Ausstecher Kreise ausstechen. Die Scones (Kekse) auf ein gefettetes (Keks-) Backblech legen und mit Milch bestreichen. Im vorgeheizten Backofen bei 200°C/400°F/Gas Stufe 6 15 Minuten goldbraun backen.

Birnen-Muffins

12 machen

50 g Butter oder Margarine

225 g/8 oz/2 Tassen einfaches Mehl (selbstaufgehend).

25 g/1 oz/2 EL Puderzucker (fein).

1 feste Birne, geschält, entkernt und in Scheiben geschnitten

150 ml/¼ Pt/2/3 Tasse Naturjoghurt

30 ml/2 Esslöffel Milch

Butter oder Margarine in das Mehl einreiben. Zucker und Birnen untermischen, dann den Joghurt unterrühren, bis ein weicher Teig entsteht, bei Bedarf etwas Milch hinzufügen. Auf einer leicht bemehlten Fläche ca. 2,5 cm/l dick ausrollen und mit einem Ausstecher Kreise ausstechen. Die Scones auf ein gefettetes Backblech legen und im vorgeheizten Backofen bei 230°C/450°F/Gas Stufe 8 10-15 Minuten backen, bis sie aufgegangen und goldbraun sind.

Kartoffel-Muffins

12 machen

50 g Butter oder Margarine

225 g/8 oz/2 Tassen einfaches Mehl (selbstaufgehend).

Prise Salz

175 g/6 oz/¾ Tasse gekochtes Kartoffelpüree

60 ml/4 Esslöffel Milch

Butter oder Margarine in Mehl und Salz einreiben. Mischen Sie das Kartoffelpüree und genug Milch, um einen weichen Teig zu machen. Auf einer leicht bemehlten Fläche ca. 2,5 cm/l dick ausrollen und mit einem Ausstecher Kreise ausstechen. Die Scones (Kekse) auf ein leicht gefettetes (Keks-)Backblech legen und im vorgeheizten Ofen bei 200°C/400°F/Gas Stufe 6 für 15-20 Minuten goldbraun backen.

Scones mit Rosinen

12 machen

75 g/3 oz/½ Tasse Rosinen

225 g/8 oz/2 Tassen einfaches Mehl (Allzweckmehl).

2,5 ml/½ TL Salz

15 ml/1 Esslöffel Backpulver

25 g/1 oz/2 EL Puderzucker (fein).

50 g Butter oder Margarine

120 ml/4 fl oz/½ Tasse einfache (leichte) Sahne.

1 Ei, geschlagen

Die Rosinen 30 Minuten in heißem Wasser einweichen, dann abgießen. Trockene Zutaten mischen, dann Butter oder Margarine hinzufügen. Sahne und Eier zu einem weichen Teig verrühren. In drei Kugeln teilen, dann auf eine Dicke von 1 cm/½ ausrollen und auf ein gefettetes (Back-) Blech legen. Jeweils in vier Stücke schneiden. Die Scones im vorgeheizten Backofen bei 230°C/450°F/Gas Stufe 8 ca. 10 Minuten goldbraun backen.

Melasse-Muffins

10 machen

225 g/8 oz/2 Tassen einfaches Mehl (Allzweckmehl).

10 ml/2 TL Backpulver

2,5 ml/½ TL Zimtpulver

50 g/2 oz/¼ Tasse Butter oder Margarine, gewürfelt

25 g/1 oz/2 EL Puderzucker (fein).

30 ml/2 EL Melasse (Schwarzbandmelasse)

150 ml/¼ pt/2/3 Tasse Milch

Mehl, Backpulver und Zimt mischen. Die Butter oder Margarine darauf verteilen, dann den Zucker, die Melasse und so viel Milch untermischen, dass ein weicher Teig entsteht. 1 cm/½ dick ausrollen und mit einem Ausstecher in 5 cm/2 Kreise schneiden. Die Scones (Gebäck) auf ein gefettetes Backblech legen und im vorgeheizten Ofen bei 220°C/425°F/Gas Stufe 7 für 10-15 Minuten backen, bis sie aufgeblasen und goldbraun sind.

Melasse und Ingwer-Muffins

12 machen

400 g/14 oz/3½ Tassen einfaches Mehl (Allzweckmehl).

50 g/2 oz/½ Tasse Reismehl

5 ml/1 Teelöffel Natron (Backpulver)

2,5 ml/½ Teelöffel Weinsäure

10ml/2 TL Ingwerpulver

2,5 ml/½ TL Salz

10 ml/2 Teelöffel Eisenzucker (sehr fein).

50 g Butter oder Margarine

30 ml/2 EL Melasse (Schwarzbandmelasse)

300 ml/½ Pt/1¼ Tasse Milch

Trockene Zutaten mischen. Reiben Sie die Butter oder Margarine ein, bis die Mischung Paniermehl ähnelt. Rühren Sie die Mischung und genug Milch ein, um einen weichen, aber nicht klebrigen Teig zu machen. Auf einer leicht bemehlten Arbeitsfläche leicht durchkneten, ausrollen und mit einem 7,5 cm/3 Ausstecher Kreise ausstechen. Die Scones (Kekse) auf ein gefettetes (Keks-) Backblech legen und mit der restlichen Milch bestreichen. Im vorgeheizten Backofen bei 220°C/425°F/Gas Stufe 7 15 Minuten backen, bis sie aufgegangen und goldbraun sind.

Sultana-Muffins

12 machen

225 g/8 oz/2 Tassen einfaches Mehl (Allzweckmehl).

Prise Salz

2,5 ml/½ TL Natron (Backpulver)

2,5 ml/½ Teelöffel Weinsäure

50 g Butter oder Margarine

25 g/1 oz/2 EL Puderzucker (fein).

50 g/2 oz/1/3 Tasse Sultaninen (goldene Rosinen)

7,5 ml/½ Esslöffel Zitronensaft

150 ml/¼ pt/2/3 Tasse Milch

Mehl, Salz, Natron und Weinstein mischen. Reiben Sie die Butter oder Margarine ein, bis die Mischung Paniermehl ähnelt. Zucker und Sultaninen unterrühren. Mischen Sie den Zitronensaft in die Milch und mischen Sie ihn nach und nach unter die trockenen Zutaten, bis Sie einen weichen Teig haben. Etwas kneten, dann 1 cm/½ dick ausrollen und mit einem Ausstecher in 5 cm/2 Kreise schneiden. Die Scones (Kekse) auf ein gefettetes (Keks-)Backblech legen und im vorgeheizten Ofen bei 230°C/450°F/Gas Stufe 8 ca. 10 Minuten backen, bis sie gut aufgegangen und goldbraun sind.

Vollkorn-Melasse-Muffins

12 machen

100 g/4 oz/1 Tasse Vollkornmehl.

100 g/4 oz/1 Tasse einfaches Mehl (Allzweckmehl).

25 g/1 oz/2 EL Puderzucker (fein).

2,5 ml/½ Teelöffel Weinsäure

2,5 ml/½ TL Natron (Backpulver)

5 ml/1 Teelöffel Gewürzmischung (Apfelkuchen).

50 g Butter oder Margarine

30 ml/2 EL Melasse (Schwarzbandmelasse)

100 ml/3½ fl oz/6½ EL Milch

Trockene Zutaten mischen, dann Butter oder Margarine hinzufügen. Melassesirup erhitzen, dann mit so viel Milch unter die Zutaten mischen, dass ein weicher Teig entsteht. Auf einer leicht bemehlten Arbeitsfläche 1 cm dick ausrollen und mit einem Ausstecher Kreise ausstechen. Die Scones (Kekse) auf einem gefetteten und bemehlten Backblech (Kekse) verteilen und mit Milch bedecken. Im vorgeheizten Backofen bei 190°C/375°F/Gas Stufe 5 20 Minuten backen.

Joghurt-Scones

12 machen

200 g einfaches (Allzweck-) Mehl.

25 g/1 oz/¼ Tasse Reismehl

10 ml/2 TL Backpulver

Prise Salz

15 ml/1 EL Zucker (sehr fein).

50 g Butter oder Margarine

150 ml/¼ Pt/2/3 Tasse Naturjoghurt

Mehl, Backpulver, Salz und Zucker mischen. Reiben Sie die Butter oder Margarine ein, bis die Mischung Paniermehl ähnelt. Den Joghurt zu einem weichen, aber nicht klebrigen Teig verrühren. Auf einer bemehlten Fläche 2 cm/¾ dick ausrollen und mit einem Ausstecher in 5 cm/2 Kreise schneiden. Auf ein gefettetes Backblech (für die Kekse) legen und im vorgeheizten Backofen bei 200°C/400°F/Gasstufe 6 ca. 15 Minuten backen, bis sie gut aufgegangen und goldbraun sind.

Scones mit Käse

12 machen

225 g/8 oz/2 Tassen einfaches Mehl (Allzweckmehl).

2,5 ml/½ TL Salz

15 ml/1 Esslöffel Backpulver

50 g Butter oder Margarine

100 g/4 oz/1 Tasse Cheddar-Käse, gerieben

150 ml/¼ pt/2/3 Tasse Milch

Mehl, Salz und Backpulver mischen. Reiben Sie die Butter oder Margarine ein, bis die Mischung Paniermehl ähnelt. Käse unterrühren. Die Milch nach und nach unterrühren, bis ein weicher Teig entsteht. Etwas kneten, dann 1 cm/½ dick ausrollen und mit einem Ausstecher in 5 cm/2 Kreise schneiden. Die Scones auf ein gefettetes Backblech legen und im vorgeheizten Ofen bei 220°C/425°F/Gasstufe 7 12-15 Minuten backen, bis die Oberseite aufgeblasen und goldbraun ist. Warm oder kalt servieren.

Vollkorn-Kräuter-Muffins

12 machen

100 g Butter oder Margarine

175 g/6 oz/1¼ Tasse Vollkornmehl.

50 g/2 Unzen/½ Tasse einfaches Mehl (Allzweckmehl).

10 ml/2 TL Backpulver

30 ml/2 Esslöffel frischer Salbei oder frischer Thymian

150 ml/¼ pt/2/3 Tasse Milch

Mehl und Backpulver mit Butter oder Margarine verreiben, bis die Mischung Paniermehl ähnelt. Mischen Sie genug Gewürze und Milch, um einen weichen Teig zu machen. Etwas kneten, dann 1 cm/½ dick ausrollen und mit einem Ausstecher in 5 cm/2 Kreise schneiden. Die Scones (Kekse) auf ein gefettetes (Keks-) Backblech legen und mit Milch bestreichen. Im vorgeheizten Backofen bei 220°C/425°F/Gas Stufe 7 10 Minuten backen, bis sie aufgegangen und goldbraun sind.

Scones mit Salami und Käse

Servieren 4

50 g Butter oder Margarine

225 g/8 oz/2 Tassen einfaches Mehl (selbstaufgehend).

Prise Salz

50 g Salami, gehackt

75 g/3 oz/¾ Tasse Cheddar-Käse, gerieben

75 ml/5 Esslöffel Milch

Reiben Sie die Butter oder Margarine in das Mehl und Salz, bis die Mischung Paniermehl ähnelt. Salami und Käse unterrühren, dann die Milch dazugeben und zu einem weichen Teig verrühren. Formen Sie es zu 20 cm/8 und drücken Sie es etwas flach. Die Scones auf ein gefettetes Backblech legen und im vorgeheizten Ofen bei 220°C/425°F/Gas Stufe 7 für 15 Minuten goldbraun backen.

Vollkorn-Muffins

12 machen

175 g/6 Unzen/1½ Tassen Vollkornmehl.

50 g/2 Unzen/½ Tasse einfaches Mehl (Allzweckmehl).

15 ml/1 Esslöffel Backpulver

Prise Salz

50 g Butter oder Margarine

50 g Puderzucker (fein).

150 ml/¼ pt/2/3 Tasse Milch

Mehl, Backpulver und Salz mischen. Reiben Sie die Butter oder Margarine ein, bis die Mischung Paniermehl ähnelt. Zucker einrühren. Die Milch nach und nach einrühren, bis ein weicher Teig entsteht. Etwas kneten, dann 1 cm/½ dick ausrollen und mit einem Ausstecher in 5 cm/2 Kreise schneiden. Die Scones auf ein gefettetes Backblech legen und im vorgeheizten Ofen bei 230°C/450°F/Gasstufe 8 ca. 15 Minuten backen, bis sie aufgegangen und goldbraun sind. Warm servieren.

Conkie Barbados

12 machen

350 g Kürbis, gerieben

225 g Süßkartoffel, gerieben

1 große Kokosnuss, gerieben oder 225 g/8 oz 2 Tassen Kokosraspeln (gerieben)

350 g hellbrauner Zucker

5 ml/1 TL gemahlenes Gewürz (Apfelkuchen).

5 ml/1 TL geriebene Muskatnuss

5 ml/1 TL Salz

5 ml/1 Teelöffel Mandelessenz (Extrakt)

100 g Rosinen

350 g Maismehl

100 g/4 oz/1 Tasse selbstaufgehendes (selbstaufgehendes) Mehl.

175 g Butter oder Margarine, geschmolzen

300 ml/½ Pt/1¼ Tasse Milch

Kürbis, Süßkartoffel und Kokos mischen. Zucker, Gewürze, Salz und Mandelsaft zugeben. Rosinen, Maisstärke und Mehl hinzugeben und gut vermischen. Die geschmolzene Butter oder Margarine mit der Milch mischen und unter die trockenen Zutaten rühren, bis alles gut vermischt ist. Geben Sie etwa 60 ml/4 Esslöffel der Mischung auf ein Stück Alufolie und achten Sie darauf, es nicht zu überfüllen. Falten Sie die Folie so in das Paket, dass es sicher eingewickelt ist und keine Mischung sichtbar ist. Wiederholen Sie mit der restlichen Mischung. Den Conkie auf einem Rost über einem Topf mit kochendem Wasser ca. 1 Stunde dämpfen, bis er fest und durchgegart ist. Warm oder kalt servieren.

Gebratene Weihnachtsplätzchen

Mach es 40

50 g Butter oder Margarine

100 g/4 oz/1 Tasse einfaches Mehl (Allzweckmehl).

2,5 ml/½ TL Kardamompulver

25 g/1 oz/2 EL Puderzucker (fein).

15 ml/1 EL Doppelrahm (schwer).

5 ml/1 TL Weinbrand

1 kleines Ei, geschlagen

Das Öl zum Braten

Puderzucker (Konditor) zum Bestreuen

Reiben Sie die Butter oder Margarine in das Mehl und den Kardamom, bis die Mischung Paniermehl ähnelt. Rühren Sie den Zucker ein, fügen Sie dann die Sahne und den Brandy und genug Eier hinzu, um eine ziemlich steife Mischung zu erhalten. Abdecken und 1 Stunde kühl stellen.

Auf einer leicht bemehlten Fläche 5 mm/¼ dick ausrollen und mit einem Ausstecher in 10 x 2,5 cm/4 x 1 Streifen schneiden. Mit einem scharfen Messer in die Mitte jedes Streifens eine Kerbe schneiden. Ziehen Sie ein Ende des Bandes durch den Schlitz, um eine halbe Länge zu erhalten. Die Kekse (Kekse) nach und nach in heißem Öl ca. 4 Minuten frittieren, bis sie goldbraun und locker sind. Auf Küchenpapier (Küchenpapier) abtropfen lassen und mit Puderzucker bestreut servieren.

Kuchen aus Maismehl

12 machen

100 g/4 oz/1 Tasse selbstaufgehendes (selbstaufgehendes) Mehl.

100 g Maismehl

5 ml/1 TL Backpulver

15 g/½ oz/1 EL (feiner) Streuzucker.

2 Eier

375 ml/13 fl oz/1½ Tasse Milch

60 ml/4 Esslöffel Öl

Öl zum Braten

Die trockenen Zutaten mischen und in die Mitte eine Mulde drücken. Eier, Milch und etwas Öl verquirlen und dann unter die trockenen Zutaten mischen. Etwas Öl in einer großen Bratpfanne (Bratpfanne) erhitzen und 60 ml/4 EL der Mischung darin anbraten (köcheln lassen), bis Blasen darauf erscheinen. Wenden und auf der anderen Seite grillen. Aus der Pfanne nehmen und warm halten, während der Rest weiter geknetet wird. Warm servieren.

Fladen

8 machen

15 g/½ oz Frischhefe oder 20 ml/4 TL Trockenhefe

5 ml/1 Teelöffel Puderzucker (fein).

300 ml/½ Pt/1¼ Tasse Milch

1 Ei

250 g/9 oz/2¼ Tassen einfaches Mehl (Allzweckmehl).

5 ml/1 TL Salz

Schmiermittel

Hefe und Zucker mit etwas Milch zu einer Paste verrühren, dann restliche Milch und Eier unterrühren. Flüssigkeit mit Mehl und Salz verrühren und zu einer dickflüssigen, cremigen Masse verrühren. Zugedeckt an einem warmen Ort 30 Minuten ruhen lassen, bis sich das Volumen verdoppelt hat. Einen Wok oder eine schwere Grillplatte (Grillplatte) erhitzen und leicht einfetten. 7,5 cm/3 Backringe auf den Rost legen. (Wenn Sie keine Auflaufform haben, schneiden Sie die Ober- und Unterseite der kleinen Form vorsichtig ab.) Gießen Sie die Mischung in die Pfanne und kochen Sie sie etwa 5 Minuten lang, bis sie unten braun und oben sprudelnd ist. Wiederholen Sie mit der restlichen Mischung. Gegrillt servieren.

Donuts

16 machen

300 ml/½ Pt/1¼ Tasse warme Milch

15 ml/1 Esslöffel Trockenhefe

175 g (sehr feiner) Zucker

450 g/1 Pfund/4 Tassen starkes Weizenmehl (für Brot).

5 ml/1 TL Salz

50 g Butter oder Margarine

1 Ei, geschlagen

Das Öl zum Braten

5 ml/1 TL Zimtpulver

Mischen Sie warme Milch, Hefe, 5 ml/1 Teelöffel Zucker und 100 g/4 oz/1 Tasse Mehl. An einem warmen Ort 20 Minuten aufschäumen lassen. Das restliche Mehl, 50 g/2 Unzen/¼ Tasse Zucker und Salz in einer Schüssel vermischen und mit Butter oder Margarine bestreichen, bis die Mischung Paniermehl ähnelt. Eier und Hefe mischen und den glatten Teig gut durchkneten. Zugedeckt 1 Stunde an einem warmen Ort gehen lassen. Nochmals durchkneten und auf eine Dicke von 2 cm/½ mahlen. Schneiden Sie mit dem 8 cm/3"-Ausstecher die Ringe und mit dem 4 cm/1½"-Ausstecher den Kern aus.

Auf ein gefettetes (Kuchen-)Backblech legen und 20 Minuten gehen lassen. Das Öl erhitzen, bis es fast raucht, dann die Donuts einige Minuten goldbraun braten. Gut abtropfen lassen. Den restlichen Zucker und Zimt in einen Spritzbeutel geben und die Donuts im Spritzbeutel schütteln, bis sie gut bedeckt sind.

Kartoffelkrapfen

Mach es 24

15 ml/1 Esslöffel Trockenhefe

60 ml/4 Esslöffel warmes Wasser

25 g/1 oz/2 EL Puderzucker (fein).

Backfett 25 g/1 oz/2 EL

1,5 ml/¼ TL Salz

75 g/3 oz/1/3 Tasse Kartoffelpüree

1 Ei, geschlagen

120 ml/4 fl oz/½ Tasse Milch, gekocht

300 g/10 oz/2½ Tassen starkes Weizenmehl (für Brot).

Das Öl zum Braten

Kristallzucker zum Bestreuen

Die Hefe mit einem Teelöffel Zucker in warmem Wasser auflösen und aufschäumen lassen. Schmalz, restlichen Zucker und Salz mischen. Kartoffeln, Hefemischung, Eier und Milch unterrühren, dann nach und nach das Mehl unterrühren und zu einem glatten Teig verkneten. Auf eine bemehlte Fläche stürzen und gut durchkneten. In eine gefettete Schüssel geben, mit Frischhaltefolie (Plastikfolie) abdecken und an einem warmen Ort ca. 1 Stunde gehen lassen, bis sich das Volumen verdoppelt hat.
Nochmals durchkneten, dann auf eine Dicke von 1 cm/½ mahlen. Schneiden Sie den Kreis mit dem 8 cm/3½-Ausstecher aus, dann schneiden Sie die Mitte mit dem 4 cm/1½-Ausstecher aus, um eine Donutform zu erhalten. Stehen lassen, bis sich die Größe verdoppelt hat. Das Öl erhitzen und die Donuts darin goldbraun braten. Mit Zucker bestreuen und abkühlen lassen.

Naan Brot

6 machen

2,5 ml/½ TL Trockenhefe

60 ml/4 Esslöffel warmes Wasser

350 g/12 oz/3 Tassen einfaches Mehl (Allzweckmehl).

10 ml/2 TL Backpulver

Prise Salz

150 ml/¼ Pt/2/3 Tasse Naturjoghurt

Geschmolzene Butter

Hefe und warmes Wasser mischen und 10 Minuten an einem warmen Ort aufschäumen lassen. Die Hefemischung mit Mehl, Backpulver und Salz verrühren, dann den Joghurt unterrühren, bis ein weicher Teig entsteht. Kneten, bis es nicht mehr klebt. In eine geölte Schüssel geben, abdecken und 8 Stunden gehen lassen.

Teig in sechs Teile teilen und zu Ovalen von ¼/5 mm Dicke ausrollen. Auf ein gefettetes (Kuchen-)Backblech legen und mit geschmolzener Butter bestreichen. Grillen (Grillen) unter mittlerem Grill (Broiler) etwa 5 Minuten lang, bis es leicht aufgebläht ist, dann wenden und die andere Seite mit Butter bestreichen und weitere 3 Minuten grillen, bis sie leicht gebräunt sind.

Bannock-Haferflocken

Mach 4

100 g/4 Unzen/1 Tasse mittlere Haferflocken

2,5 ml/½ TL Salz

Eine Prise Backpulver (Backpulver)

10 ml/2 TL Öl

60 ml / 4 Teelöffel heißes Wasser

Die trockenen Zutaten in einer Schüssel vermischen und in die Mitte eine Mulde drücken. Mischen Sie genug Öl und Wasser, um einen festen Teig zu erhalten. Auf eine leicht bemehlte Oberfläche stürzen und glatt kneten. Rollen Sie es auf eine Dicke von 5 mm/¼ aus, schneiden Sie die Ränder ab und schneiden Sie es dann in Viertel. Erhitzen Sie eine Grillplatte oder eine schwere Bratpfanne (Grillplatte) und braten (pochieren) Sie die Bannocks etwa 20 Minuten lang, bis sich die Ecken zu kräuseln beginnen. Wenden und die andere Seite 6 Minuten braten.

Hecht

8 machen

10 ml/2 Teelöffel Frischhefe oder 5 ml/1 Teelöffel Trockenhefe

5 ml/1 Teelöffel Puderzucker (fein).

300 ml/½ Pt/1¼ Tasse Milch

1 Ei

225 g/8 oz/2 Tassen einfaches Mehl (Allzweckmehl).

5 ml/1 TL Salz

Schmiermittel

Hefe und Zucker mit etwas Milch zu einer Paste verrühren, dann restliche Milch und Eier unterrühren. Flüssigkeit mit Mehl und Salz verrühren und zu einem dünnen Teig verkneten. Zugedeckt an einem warmen Ort 30 Minuten ruhen lassen, bis sich das Volumen verdoppelt hat. Einen Wok oder eine schwere Grillplatte (Grillplatte) erhitzen und leicht einfetten. Den Teig in die Pfanne geben und ca. 3 Minuten backen, bis die Unterseite gebräunt ist, dann wenden und auf der anderen Seite ca. 2 Minuten backen. Wiederholen Sie mit der restlichen Mischung.

Einfache Drop-Scones

15 machen

100 g/4 oz/1 Tasse selbstaufgehendes (selbstaufgehendes) Mehl.

Prise Salz

15 ml/1 EL Zucker (sehr fein).

1 Ei

150 ml/¼ pt/2/3 Tasse Milch

Schmiermittel

Mehl, Salz und Zucker mischen, in die Mitte eine Mulde drücken. Die Eier dazugeben und Eier und Milch nach und nach unterrühren, bis ein glatter Teig entsteht. Eine große Pfanne erhitzen und mit etwas Öl bepinseln. Wenn es heiß ist, den Teig löffelweise in die Pfanne geben, um einen Kreis zu bilden. Etwa 3 Minuten backen, bis die Scones auf der Unterseite aufgebläht und goldbraun sind, dann wenden und die andere Seite backen. Heiß oder warm servieren.

Ahorn Drop Scones

Mach es 30

200 g/7 oz/1¾ Tasse selbstaufgehendes Mehl

25 g/1 oz/¼ Tasse Reismehl

10 ml/2 TL Backpulver

25 g/1 oz/2 EL Puderzucker (fein).

Prise Salz

15 ml/1 EL Ahornsirup

1 Ei, geschlagen

200 ml/7 fl oz/1 Tasse kurze Milch

Sonnenblumenöl

50 g/2 oz/¼ Tasse Butter oder Margarine, weich

15 ml/1 Esslöffel fein gehackte Walnüsse

Mehl, Backpulver, Zucker und Salz mischen, in die Mitte eine Mulde drücken. Ahornsirup, Eier und die Hälfte der Milch dazugeben und schlagen, bis alles gut vermischt ist. Rühren Sie die restliche Milch ein, um eine dicke Mischung zu bilden. Etwas Öl in einem Wok (Pfanne) erhitzen, dann den Überschuss abgießen. Die Masse in die Pfanne schöpfen und braten (kochen), bis der Boden goldgelb wird. Wenden und auf der anderen Seite braten. Aus der Pfanne nehmen und warm werden lassen, während die restlichen Kiffles (Kekse) gebacken werden. Die Butter oder Margarine mit den Walnüssen zerdrücken und die warmen Muffins zum Servieren mit aromatisierter Butter bedecken.

Scones auf dem Grill

12 machen

225 g/8 oz/2 Tassen einfaches Mehl (Allzweckmehl).

5 ml/1 Teelöffel Natron (Backpulver)

10 ml/2 Teelöffel Weinsäure

2,5 ml/½ TL Salz

25 g/1 oz/2 EL Schmalz (Butter) oder Backfett

25 g/1 oz/2 EL Puderzucker (fein).

150 ml/¼ pt/2/3 Tasse Milch

Schmiermittel

Mehl, Natron, Traubencreme und Salz mischen. Schmalz oder Butter verteilen, dann Zucker einrühren. Die Milch nach und nach unterrühren, bis ein weicher Teig entsteht. Den Teig halbieren und kneten und jeweils zu einem flachen Kreis von 1 cm/½ Dicke formen. Schneiden Sie jeden Kreis in sechs. Eine Grillplatte oder große Pfanne (Grillplatte) erhitzen und leicht einfetten. Wenn sie heiß sind, die Scones (Kekse) in die Pfanne geben und etwa 5 Minuten backen, bis sie auf der Unterseite goldbraun sind, dann wenden und die andere Seite backen. Auf einem Kuchengitter auskühlen lassen.

Cheese Pan Scones

12 machen

25 g/1 oz/2 EL weiche Butter oder Margarine

100 g Hüttenkäse

5 ml/1 TL gehackter frischer Schnittlauch

2 Eier, geschlagen

40 g/1½ oz/1/3 Tasse einfaches (Allzweck-)Mehl.

15 g/½ oz/2 EL Reismehl

5 ml/1 TL Backpulver

15 ml/1 Esslöffel Milch

Schmiermittel

Mischen Sie alle Zutaten außer Öl, bis es ein dicker Teig wird. Etwas Öl in einem Wok (Pfanne) erhitzen, dann überschüssiges Öl abgießen. Braten (kochen) Sie einen Löffel Teig, bis der Boden golden wird. Die Scones (Kekse) wenden und auf der anderen Seite braten. Aus der Pfanne nehmen und warm halten, während Sie die restlichen Brötchen braten

Spezielle schottische Pfannkuchen

12 machen

100 g/4 oz/1 Tasse einfaches Mehl (Allzweckmehl).

10 ml/2 Teelöffel Eisenzucker (sehr fein).

5 ml/1 Teelöffel Weinsäure

2,5 ml/½ TL Salz

2,5 ml/½ TL Natron (Backpulver)

1 Ei

5 ml/1 Teelöffel goldener Sirup (junger Mais).

120 ml/4 fl oz/½ Tasse warme Milch

Schmiermittel

Die trockenen Zutaten mischen und in die Mitte eine Mulde drücken. Die Eier mit dem Sirup und der Milch verquirlen und dann unter die Mehlmischung rühren, bis ein sehr dicker Teig entsteht. Zugedeckt etwa 15 Minuten ruhen lassen, bis der Teig Blasen wirft. Erhitzen Sie eine große Pfanne oder eine schwere Pfanne (Bratpfanne) und fetten Sie sie leicht ein. Kleine Löffel des Teigs auf den Rost geben und auf einer Seite ca. 3 Minuten backen, bis die Unterseite goldbraun ist, dann wenden und auf der anderen Seite ca. 2 Minuten backen. Wickeln Sie die Pfannkuchen in ein warmes Geschirrtuch (Serviette), während Sie den restlichen Teig backen. Frisch und mit Butter bestrichen, gegrillt oder gebraten (gekocht) servieren.

Scotch-Pfannkuchen mit Früchten

12 machen

100 g/4 oz/1 Tasse einfaches Mehl (Allzweckmehl).

10 ml/2 Teelöffel Eisenzucker (sehr fein).

5 ml/1 Teelöffel Weinsäure

2,5 ml/½ TL Salz

2,5 ml/½ TL Natron (Backpulver)

100 g Rosinen

1 Ei

5 ml/1 Teelöffel goldener Sirup (junger Mais).

120 ml/4 fl oz/½ Tasse warme Milch

Schmiermittel

Trockene Zutaten und Rosinen mischen, in die Mitte eine Mulde drücken. Die Eier mit dem Sirup und der Milch verquirlen und dann unter die Mehlmischung rühren, bis ein sehr dicker Teig entsteht. Zugedeckt etwa 15 Minuten ruhen lassen, bis der Teig Blasen wirft. Erhitzen Sie eine große Pfanne oder eine schwere Pfanne (Bratpfanne) und fetten Sie sie leicht ein. Kleine Löffel des Teigs auf den Rost geben und auf einer Seite ca. 3 Minuten backen, bis die Unterseite goldbraun ist, dann wenden und auf der anderen Seite ca. 2 Minuten backen. Wickeln Sie die Pfannkuchen in ein warmes Geschirrtuch (Serviette), während Sie den Rest backen. Frisch und mit Butter bestrichen, gegrillt oder gebraten (gekocht) servieren.

Orangefarbene Scotch-Pfannkuchen

12 machen

100 g/4 oz/1 Tasse einfaches Mehl (Allzweckmehl).

10 ml/2 Teelöffel Eisenzucker (sehr fein).

5 ml/1 Teelöffel Weinsäure

2,5 ml/½ TL Salz

2,5 ml/½ TL Natron (Backpulver)

10 ml/2 TL abgeriebene Orangenschale

1 Ei

5 ml/1 Teelöffel goldener Sirup (junger Mais).

120 ml/4 fl oz/½ Tasse warme Milch

Ein paar Tropfen Orangensaft (Extrakt)

Schmiermittel

Trockene Zutaten und Orangenschale mischen, in die Mitte eine Mulde drücken. Eier mit Sirup, Milch und Orangensaft verquirlen und unter die Mehlmischung rühren, bis ein sehr dickflüssiger Teig entsteht. Zugedeckt etwa 15 Minuten ruhen lassen, bis der Teig Blasen wirft. Erhitzen Sie eine große Pfanne oder eine schwere Pfanne (Bratpfanne) und fetten Sie sie leicht ein. Kleine Löffel des Teigs auf den Rost geben und auf einer Seite ca. 3 Minuten backen, bis die Unterseite goldbraun ist, dann wenden und auf der anderen Seite ca. 2 Minuten backen. Wickeln Sie die Pfannkuchen in ein warmes Geschirrtuch (Serviette), während Sie den Rest backen. Frisch und mit Butter bestrichen, gegrillt oder gebraten (gekocht) servieren.

Hinny singen

12 machen

225 g/8 oz/2 Tassen einfaches Mehl (Allzweckmehl).

2,5 ml/½ TL Salz

2,5 ml/½ TL Backpulver

50 g Schmalz (reduziert Fett)

50 g Butter oder Margarine

100 g Rosinen

120 ml/4 fl oz/½ Tasse Milch

Schmiermittel

Die trockenen Zutaten mischen, dann mit Schmalz und Butter oder Margarine bestreichen, bis die Mischung Paniermehl ähnelt. Rosinen unterrühren und in die Mitte eine Mulde drücken. So viel Milch einrühren, dass ein fester Teig entsteht. Auf einer leicht bemehlten Arbeitsfläche 1 cm/½ dick ausrollen und die Oberseite mit einer Gabel einstechen. Einen Wok oder eine schwere Grillplatte (Bratpfanne) erhitzen und leicht einfetten. Backen Sie die Kekse etwa 5 Minuten lang, bis sie auf der Unterseite goldbraun sind, drehen Sie sie dann um und backen Sie die andere Seite etwa 4 Minuten lang. Aufgeschnitten und mit Butter bestrichen servieren.

Walisischer Kuchen

Servieren 4

225 g/8 oz/2 Tassen einfaches Mehl (Allzweckmehl).

5 ml/1 TL Backpulver

2,5 ml/½ TL gemahlene Gewürze (gerollte Äpfel).

50 g Butter oder Margarine

50 g Schmalz (reduziert Fett)

75 g Puderzucker (fein).

50 g/2 oz/1/3 Tasse Rosinen

1 Ei, geschlagen

30-45ml/2-3 EL Milch

Mehl, Backpulver und Gewürzmischung in einer Schüssel mischen. Butter oder Margarine und Schmalz einreiben, bis die Mischung Paniermehl ähnelt. Zucker und Rosinen unterrühren. Mischen Sie genug Eier und Milch, um einen festen Teig zu machen. Auf einem bemehlten Brett 5 mm/¼ dick ausrollen und in 7,5 cm/3 Kreise schneiden. Auf einem gefetteten Backblech von jeder Seite ca. 4 Minuten goldbraun backen.

Walisische Pfannkuchen

12 machen

175 g/6 oz/1½ Tassen einfaches Mehl (Allzweckmehl).

2,5 ml/½ Teelöffel Weinsäure

2,5 ml/½ TL Natron (Backpulver)

50 g Puderzucker (fein).

25 g/1 oz/2 EL Butter oder Margarine

1 Ei, geschlagen

120 ml/4 fl oz/½ Tasse Milch

2,5 ml/½ TL Essig

Schmiermittel

Trockene Zutaten mischen und Zucker einrühren. Butter oder Margarine darauf verteilen und in der Mitte ein Loch machen. Mischen Sie genug Eier und Milch, um einen flüssigen Teig zu machen. Essig einrühren. Einen Wok oder eine schwere Grillplatte (Bratpfanne) erhitzen und leicht einfetten. Die Masse in die Pfanne schöpfen und ca. 3 Minuten braten (köcheln lassen), bis der Boden goldbraun ist. Wenden und die andere Seite etwa 2 Minuten braten. Heiß und mit Butter servieren.

Mexikanisches gewürztes Maisbrot

Machen Sie 8 Rollen

225 g/8 oz/2 Tassen einfaches Mehl (selbstaufgehend).

5 ml/1 Teelöffel Chilipulver

2,5 ml/½ TL Natron (Backpulver)

200g/7oz/1 kleine Dose Maiscreme (Mais)

15 ml/1 Esslöffel Currypaste

250 ml/8 fl oz/1 Tasse Naturjoghurt

Öl zum Braten

Mehl, Chilipulver und Natron mischen. Die restlichen Zutaten bis auf das Öl mischen und zu einem weichen Teig verkneten. Auf eine leicht bemehlte Oberfläche stürzen und vorsichtig kneten, bis sie glatt sind. Schneiden Sie es in acht Stücke und tupfen Sie jedes in einen Kreis von 13 cm Durchmesser. Öl in einer schweren Bratpfanne (Pfanne) erhitzen und das Maisbrot 2 Minuten auf jeder Seite braten (dämpfen), bis es gebräunt und leicht aufgebläht ist.

Schwedisches Fladenbrot

Mach 4

225 g/8 oz/2 Tassen Vollkornmehl

225 g/8 oz/2 Tassen Roggen- oder Gerstenmehl

5 ml/1 TL Salz

Ungefähr 250 ml/8 fl oz/1 Tasse lauwarmes Wasser

Schmiermittel

Mehl und Salz in einer Schüssel mischen, dann nach und nach das Wasser unterrühren, bis ein fester Teig entsteht. Je nach verwendetem Mehl benötigst du mehr oder weniger Wasser. Gut schlagen, bis sich der Teig von den Seiten der Schüssel löst, dann auf eine leicht bemehlte Oberfläche stürzen und 5 Minuten kneten. Den Teig in vier Teile teilen und zu 20 cm/8 Kreisen dünn ausrollen. Eine Grillplatte oder große Pfanne (Grillplatte) erhitzen und leicht einfetten. Braten (dämpfen) Sie ein oder zwei Patties gleichzeitig für etwa 15 Minuten auf jeder Seite, bis sie goldbraun sind.

Gedämpfter Hafer und süßes Maisbrot

Ergibt ein 23 cm/9 Laib

175 g Roggenmehl

175 g/6 Unzen/1½ Tassen Vollkornmehl.

100 g/4 Unzen/1 Tasse Haferflocken

10 ml/2 TL Natron (Backpulver)

5 ml/1 TL Salz

450 ml/¾ pt/2 Tassen Milch

175 g/6 oz/½ Tasse schwarzer Melassesirup (Melasse)

10 ml/2 TL Zitronensaft

Mehl, Haferflocken, Natron und Salz mischen. Milch, Sirup und Zitronensaft lauwarm erhitzen und dann unter die trockenen Zutaten rühren. In gefettete 23 cm Puddingschalen füllen und mit zerknülltem Papier abdecken. In einen großen Topf geben und mit so viel heißem Wasser füllen, dass es bis zur Hälfte der Seiten der Dose reicht. Zugedeckt 3 Stunden garen, ggf. kochendes Wasser zugeben. Vor dem Servieren über Nacht stehen lassen.

Gedämpftes Zuckermaisbrot

Ergibt zwei Brote mit 450 g/1 lb

175 g/6 oz/1½ Tassen einfaches Mehl (Allzweckmehl).

225 g Maismehl

15 ml/1 Esslöffel Backpulver

Prise Salz

3 Eier

45 ml/3 EL Öl

150 ml/¼ pt/2/3 Tasse Milch

300 g Zuckermais aus der Dose (Mais), abgetropft und püriert

Mehl, Maisstärke, Backpulver und Salz mischen. Eier, Öl und Milch verquirlen, dann mit dem Mais unter die trockenen Zutaten mischen. In zwei gefettete 450-g/1-lb-Kastenformen (Pfannen) geben und in einen großen Topf mit so viel kochendem Wasser geben, dass es bis zur Hälfte der Seiten der Formen reicht. Zugedeckt 2 Stunden köcheln lassen, ggf. kochendes Wasser zugeben. Vor dem Wenden und Schneiden in der Form abkühlen lassen.

Vollkorn-Chapatis

12 machen

225 g/8 oz/2 Tassen Vollkornmehl

5 ml/1 TL Salz

150 ml/¼ pt/2/3 Tassen Wasser

Mehl und Salz in einer Schüssel mischen, dann nach und nach das Wasser unterrühren, bis ein fester Teig entsteht. In 12 Teile teilen und auf einer bemehlten Fläche dünn ausrollen. Fetten Sie eine schwere Grillplatte (Bratpfanne) oder Grillplatte ein und braten (kochen) Sie einige Chapatis auf einmal bei mittlerer Hitze, bis der Boden braun ist. Wenden und die andere Seite braten, bis sie gebräunt ist. Halten Sie die Chapatis warm, während Sie den Rest braten. Auf Wunsch auf einer Seite gebuttert servieren.

Vollkorn-Puri

8 machen

100 g/4 oz/1 Tasse Vollkornmehl.

100 g/4 oz/1 Tasse einfaches Mehl (Allzweckmehl).

2,5 ml/½ TL Salz

25g/1oz/2 EL Butter oder Margarine, geschmolzen

150 ml/¼ pt/2/3 Tassen Wasser

Das Öl zum Braten

Mehl und Salz mischen, in die Mitte eine Mulde drücken. Butter oder Margarine zugeben. Wasser nach und nach zugeben und zu einem festen Teig verkneten. 5-10 Minuten kneten, dann mit einem feuchten Tuch abdecken und 15 Minuten ruhen lassen.

Teilen Sie den Teig in acht Portionen und rollen Sie jede zu einem 13 cm/5 dünnen Kreis aus. Erhitzen Sie das Öl in einer großen Pfanne (Pfanne) und braten (sautieren) Sie die Puris ein oder zwei gleichzeitig, bis sie aufgehen und knusprig und golden werden. Auf Küchenpapier (Küchenpapier) abtropfen lassen.

Mandelkuchen

Mach es 24

100 g Butter oder Margarine, weich

50 g Puderzucker (fein).

100 g/4 oz/1 Tasse selbstaufgehendes (selbstaufgehendes) Mehl.

25 g/1 oz/¼ Tasse gemahlene Mandeln

Ein paar Tropfen Mandelessenz (Extrakt)

Butter oder Margarine und Zucker schaumig schlagen. Mehl, gemahlene Mandeln und Mandelsaft zu einem dicken Teig verrühren. Große Kugeln in der Größe einer Walnuss formen und auf einem gefetteten (Kuchen-)Backblech gut verteilen und mit einer Gabel leicht andrücken, um sie flach zu drücken. Plätzchen (Kekse) im vorgeheizten Backofen bei 180°C/350°F/Gas Stufe 4 15 Minuten goldbraun backen.

Mandellocken

Mach es 30

100 g/4 oz/1 Tasse gehackte Mandeln

100 g Butter oder Margarine

100 g/4oz/½ Tasse (feiner) Puderzucker.

30 ml/2 Esslöffel Milch

15-30ml/1-2 EL Mehl (Allzweckmehl).

Mandeln, Butter oder Margarine, Zucker und Milch mit 15 ml/1 EL Mehl in einen Topf geben. Vorsichtig erhitzen, umrühren und das restliche Mehl nach Bedarf hinzufügen, um die Mischung zusammenzuhalten. Löffelweise auf eine gefettete und bemehlte (Kuchen-)Form geben und im vorgeheizten Backofen bei 180°C/350°F/Gas Stufe 4 8 Minuten hellbraun backen. Auf dem Backblech etwa 30 Sekunden abkühlen lassen, dann um den Stiel eines Holzlöffels rollen. Wenn es zu kalt zum Formen ist, stellen Sie es für ein paar Sekunden in den Ofen, um es wieder aufzuwärmen, bevor Sie den Rest formen.

Mandelring

Mach es 24

100 g Butter oder Margarine, weich

100 g/4oz/½ Tasse (feiner) Puderzucker.

1 Ei, getrennt

225 g/8 oz/2 Tassen einfaches Mehl (Allzweckmehl).

5 ml/1 TL Backpulver

5 ml/1 TL abgeriebene Zitronenschale

50 g/2 oz/½ Tasse gehackte Mandeln

Puderzucker (sehr fein) zum Bestäuben

Butter oder Margarine und Zucker schaumig schlagen. Eigelb nach und nach unterrühren, dann Mehl, Backpulver und Zitronenschale unter Rühren von Hand unterrühren, bis die Masse zusammenkommt. 5 mm/¼ dick ausrollen und mit einem Ausstecher 6 cm/2¼ Kreise ausstechen, dann die Mitte mit einem 2 cm/¾ Ausstecher ausstechen. Den Kuchen gut auf ein gefettetes Backblech legen und mit einer Gabel einstechen. Im vorgeheizten Backofen bei 180°C/350°F/Gas Stufe 4 10 Minuten backen. Mit Eiweiß bestreichen, mit Mandeln und Zucker bestreuen und für weitere 5 Minuten in den Ofen stellen, bis sie hellgolden sind.

Mediterraner Mandel-Crack

Mach es 24

2 Eier, getrennt

175 g/6 oz/1 Tasse Puderzucker, gesiebt

10 ml/2 TL Backpulver

Abgeriebene Schale von ½ Zitrone

Ein paar Tropfen Vanilleessenz (Extrakt)

400 g gemahlene Mandeln

Eigelb und ein Eiweiß mit dem Zucker schaumig schlagen. Alle restlichen Zutaten mischen und zu einem festen Teig verkneten. Rollen Sie es zu einer walnussgroßen Kugel und legen Sie es auf ein gefettetes (Kuchen-)Backblech, indem Sie es leicht andrücken, um es flach zu machen. Im vorgeheizten Backofen bei 180°C/350°F/Gas Stufe 4 15 Minuten backen, bis die Oberfläche goldbraun und rissig ist.

Mandel- und Schokoladenkekse

Mach es 24

50 g/2 oz/¼ Tasse Butter oder Margarine, weich

75 g Puderzucker (fein).

1 kleines Ei, geschlagen

100 g/4 oz/1 Tasse einfaches Mehl (Allzweckmehl).

2,5 ml/½ TL Backpulver

25 g/1 oz/¼ Tasse gemahlene Mandeln

25 g/1 oz/¼ Tasse Zartbitterschokolade, gerieben

Butter oder Margarine und Zucker schaumig schlagen. Die Eier nach und nach unterschlagen, dann die restlichen Zutaten unterrühren, bis ein ziemlich fester Teig entsteht. Wenn die Mischung zu feucht ist, etwas mehr Mehl hinzufügen. In Frischhaltefolie (Plastikfolie) einwickeln und 30 Minuten kühl stellen.

Den Teig zu einem Zylinder ausrollen und in 1 cm/½ Scheiben schneiden. Auf ein gefettetes Backblech (für die Kekse) streichen und im vorgeheizten Backofen bei 190°C/375°F/Gas Stufe 5 10 Minuten backen.

Amische Kekse mit Früchten und Nüssen

Mach es 24

100 g Butter oder Margarine, weich

175 g (sehr feiner) Zucker

1 Ei

75 ml/5 Esslöffel Milch

75 g/3 oz/¼ Tasse schwarzer Melassesirup (Melasse)

250 g/9 oz/2¼ Tassen einfaches Mehl (Allzweckmehl).

10 ml/2 TL Backpulver

15 ml/1 Esslöffel Zimtpulver

10 ml/2 TL Natron (Backpulver)

2,5 ml/½ TL geriebene Muskatnuss

50 g/2 Unzen/½ Tasse mittlere Haferflocken

50 g/2 oz/1/3 Tasse Rosinen

25 g/1 oz/¼ Tasse gehackte gemischte Nüsse

Butter oder Margarine und Zucker schaumig schlagen. Die Eier nach und nach unterschlagen, dann die Milch und den Melassesirup. Die restlichen Zutaten zugeben und zu einem festen Teig verkneten. Fügen Sie etwas mehr Milch hinzu, wenn die Mischung zu klebrig ist, um damit zu arbeiten, oder fügen Sie etwas mehr Mehl hinzu, wenn sie zu klebrig ist; Die Textur variiert je nach verwendetem Mehl. Den Teig 5 mm/¼ dick ausrollen und mit einem Ausstecher Kreise ausstechen. Auf ein gefettetes (Kuchen-) Blech legen und im vorgeheizten Backofen bei 180°C/350°F/Gas 4 10 Minuten goldbraun backen.

Johanniskrautkuchen

16 machen

175 g (sehr feiner) Zucker

2 Eiweiß

1 Ei

100 g/4 oz/1 Tasse einfaches Mehl (Allzweckmehl).

5 ml/1 TL Anis

Zucker, Eiweiß und Eier 10 Minuten schaumig schlagen. Das Mehl nach und nach unterschlagen und den Anis unterrühren. Den Teig in eine 450-g-Backform (Backblech) geben und im vorgeheizten Ofen bei 180 °C/350 °F/Gasstufe 4 35 Minuten lang backen, bis ein in die Mitte gesteckter Spieß sauber herauskommt. Aus der Pfanne nehmen und in 1 cm/½ Scheiben schneiden. Legen Sie die Kekse (Kekse) mit der Seite nach unten auf die eingefetteten (Kekse) Backbleche und kehren Sie für weitere 10 Minuten in den Ofen zurück, wobei Sie sie während des Backens nach der Hälfte drehen.

Bananen-, Hafer- und Orangenkuchen

Mach es 24

100 g Butter oder Margarine, weich

100 g reife Banane, püriert

120 ml/4 fl oz/½ Tasse Orangensaft

4 Eiweiß, leicht geschlagen

10 ml/2 TL Vanilleessenz (Extrakt)

5 ml/1 Teelöffel fein geriebene Orangenschale

225 g/8 oz/2 Tassen Haferflocken

225 g/8 oz/2 Tassen einfaches Mehl (Allzweckmehl).

5 ml/1 Teelöffel Natron (Backpulver)

5 ml/1 TL geriebene Muskatnuss

Prise Salz

Butter oder Margarine glatt schlagen, dann Bananen- und Orangensaft hinzugeben. Eiweiß, Vanilleessenz und Orangenschale mischen, dann zur Bananenmischung geben, gefolgt von den anderen Zutaten. Löffelweise auf ein (Teig-)Backblech geben und im vorgeheizten Backofen bei 180°C/350°F/Gas 4 20 Minuten goldbraun backen.

Grundlegende Kekse

Mach es 40

100 g Butter oder Margarine, weich

100 g/4oz/½ Tasse (feiner) Puderzucker.

1 Ei, geschlagen

5 ml/1 Teelöffel Vanilleessenz (Extrakt)

225 g/8 oz/2 Tassen einfaches Mehl (Allzweckmehl).

Butter oder Margarine und Zucker schaumig schlagen. Ei und Vanilleessenz nach und nach unterrühren, dann das Mehl untermischen und zu einem glatten Teig kneten. Zu einer Kugel rollen, in Frischhaltefolie wickeln und 1 Stunde kühl stellen.

Den Teig 5 mm/¼ dick ausrollen und mit einem Ausstecher Kreise ausstechen. Auf einem gefetteten (Kuchen-)Blech anrichten und im vorgeheizten Backofen bei 200°C/400°F/Gas Stufe 6 10 Minuten goldbraun backen. Lassen Sie es 5 Minuten auf der Form abkühlen, bevor Sie es zum Abkühlen auf ein Kuchengitter legen.

Knusprige Kekse mit Kleie

16 machen

100 g/4 oz/1 Tasse Vollkornmehl.

100 g hellbrauner Zucker

25 g/1 oz/¼ Tasse Haferflocken

25 g/1 Unze/½ Tasse Kleie

5 ml/1 Teelöffel Natron (Backpulver)

5 ml/1 TL gemahlener Ingwer

100 g Butter oder Margarine

15 ml/1 EL goldener Sirup (junger Mais).

15 ml/1 Esslöffel Milch

Trockene Zutaten mischen. Butter mit Sirup und Milch schmelzen und mit den trockenen Zutaten zu einem festen Teig verrühren. Den Keksteig (Kekse) auf eine gefettete (Keks-)Form geben und im vorgeheizten Ofen bei 160°C/325°F/Gasstufe 3 15 Minuten goldbraun backen.

Kuchen mit Sesamkleie

12 machen

225 g/8 oz/2 Tassen Vollkornmehl

5 ml/1 TL Backpulver

25 g/1 Unze/½ Tasse Kleie

Prise Salz

50 g Butter oder Margarine

45 ml/3 EL feiner brauner Zucker

45 ml/3 Esslöffel Sultaninen (goldene Rosinen)

1 Ei, kurz schlagen

120 ml/4 fl oz/½ Tasse Milch

45 ml/3 EL Sesam

Mehl, Backpulver, Kleie und Salz mischen, dann mit Butter oder Margarine bestreichen, bis die Masse Paniermehl ähnelt. Zucker und Sultaninen untermischen, dann so viel Eier und Milch unterrühren, dass ein weicher, aber nicht klebriger Teig entsteht. 1 cm/½ dick ausrollen und mit einem Ausstecher Kreise ausstechen. Auf ein gefettetes Backblech (Kuchen) legen, mit Milch bestreichen und mit Sesam bestreuen. Im vorgeheizten Backofen bei 220°C/425°F/Gas Stufe 7 10 Minuten goldbraun backen.

Gebackene Kekse mit Kreuzkümmel

Mach es 30

25 g/1 oz/2 EL weiche Butter oder Margarine

75 g/3 Unzen/1/3 Tasse hellbrauner Zucker

½ Eier

10 ml/2 TL Weinbrand

175 g/6 oz/1½ Tassen einfaches Mehl (Allzweckmehl).

10 ml/2 TL Kreuzkümmel

5 ml/1 TL Backpulver

Prise Salz

Butter oder Margarine und Zucker schaumig schlagen. Eier und Brandy nach und nach unterschlagen, dann die restlichen Zutaten vermengen und zu einem festen Teig verrühren. In Frischhaltefolie (Plastikfolie) einwickeln und 30 Minuten kühl stellen.

Den Teig auf einer leicht bemehlten Fläche etwa 3 mm/1/8 dick ausrollen und mit einem Ausstecher Kreise ausstechen. Kekse auf ein gefettetes Backblech legen (Kekse) und im vorgeheizten Ofen bei 200°C/400°F/Gas 6 für 10 Minuten backen.

Brandy Snaps

Mach es 30

100 g Butter oder Margarine

100 g goldener Sirup (junger Mais).

100 g Demerara-Zucker

100 g/4 oz/1 Tasse einfaches Mehl (Allzweckmehl).

5 ml/1 TL gemahlener Ingwer

5 ml/1 TL Zitronensaft

Butter oder Margarine, Sirup und Zucker in einer Pfanne schmelzen. Etwas abkühlen lassen, dann Mehl und Ingwer einrühren, gefolgt vom Zitronensaft. Einen Teelöffel der Mischung im Abstand von 10 cm/4 auf ein gefettetes (Kuchen-) Blech geben und im vorgeheizten Backofen bei 180°C/350°F/Gas Stufe 4 8 Minuten goldbraun backen. Etwas abkühlen lassen, dann die Scheiben aus der Pfanne nehmen und über den Griff eines eingefetteten Holzlöffels rollen. Entfernen Sie den Löffelstiel und lassen Sie ihn auf einem Kuchengitter abkühlen. Wenn der Kranz vor dem Formen zu hart wird, schieben Sie ihn kurz zurück in den Ofen, um ihn zu erwärmen und aufzuweichen.

Butterkuchen

Mach es 24

100 g Butter oder Margarine, weich

50 g Puderzucker (fein).

Abgeriebene Schale von 1 Zitrone

150 g selbstaufgehendes Mehl

Butter oder Margarine und Zucker schaumig schlagen. Die Zitronenschale unterrühren, dann das Mehl unterheben, bis eine steife Mischung entsteht. Große Kugeln in der Größe einer Walnuss formen und auf einem gefetteten (Kuchen-)Backblech gut verteilen und mit einer Gabel leicht andrücken, um sie flach zu drücken. Plätzchen (Kekse) im vorgeheizten Backofen bei 180°C/350°F/Gas Stufe 4 15 Minuten goldbraun backen.

Butterkuchen

Mach es 40

100 g Butter oder Margarine, weich

100 g/4 oz/½ Tasse dunkler weicher brauner Zucker

1 Ei, geschlagen

1,5 ml/¼ TL Vanilleessenz (Extrakt)

225 g/8 oz/2 Tassen einfaches Mehl (Allzweckmehl).

7,5 ml/1½ TL Backpulver

Prise Salz

Butter oder Margarine und Zucker schaumig schlagen. Eier und Vanilleessenz nach und nach unterrühren. Mehl, Backpulver und Salz mischen. Den Teig zu drei Rollen von etwa 5 cm Durchmesser formen, in Frischhaltefolie wickeln und 4 Stunden oder über Nacht in den Kühlschrank stellen.

In 3 mm/1/8 dicke Scheiben schneiden und auf einer ungefetteten Kuchenform anrichten. Backen Sie die Kekse im vorgeheizten Ofen bei 190°C/375°F/Gas Stufe 5 für 10 Minuten, bis sie leicht gebräunt sind.

Karamellkuchen

Mach es 30

50 g/2 oz/¼ Tasse Butter oder Margarine, weich

50 g Schmalz (reduziert Fett)

225 g/8 oz/1 Tasse hellbrauner Zucker

1 Ei, kurz schlagen

175 g/6 oz/1½ Tassen einfaches Mehl (Allzweckmehl).

1,5 ml/¼ TL Natron (Backpulver)

1,5 ml/¼ Teelöffel Weinsäure

Eine Prise geriebene Muskatnuss

10 ml/2 TL Wasser

2,5 ml/½ TL Vanilleessenz (Extrakt)

Butter oder Margarine, Schmalz und Zucker schaumig rühren. Eier nach und nach schlagen. Mehl, Natron, Weinsahne und Muskat hinzugeben, dann Wasser und Vanilleessenz dazugeben und einen weichen Teig rühren. In eine Wurstform rollen, in Frischhaltefolie (Plastikfolie) wickeln und mindestens 30 Minuten, besser länger, kühl stellen.

Den Teig in 1 cm/½ Keile schneiden und auf einem gefetteten (Teig-) Backblech verteilen. Backen Sie die Plätzchen (Kekse) im vorgeheizten Ofen bei 180°C/350°F/Gas 4 für 10 Minuten, bis sie goldbraun sind.

Kuchen mit Karotten und Walnüssen

48 machen

175 g/6 oz/¾ Tasse Butter oder Margarine, aufgeweicht

100 g hellbrauner Zucker

50 g Puderzucker (fein).

1 Ei, kurz schlagen

225 g/8 oz/2 Tassen einfaches Mehl (Allzweckmehl).

5 ml/1 TL Backpulver

2,5 ml/½ TL Salz

100 g/4 oz/½ Tasse zerdrückte gekochte Karotten

100 g/4 Unzen/1 Tasse gehackte Walnüsse

Butter oder Margarine und Zucker schaumig rühren. Eier nach und nach dazugeben, dann Mehl, Backpulver und Salz hinzugeben. Fügen Sie die zerdrückten Karotten und Walnüsse hinzu. Kleine Löffel auf ein gefettetes (Keks-) Blech geben und im vorgeheizten Backofen bei 200°C/400°F/Gas Stufe 6 10 Minuten backen.

Orangenkuchen mit Karotten und Walnüssen

48 machen

Für Kekse:

175 g/6 oz/¾ Tasse Butter oder Margarine, aufgeweicht

100 g/4oz/½ Tasse (feiner) Puderzucker.

50 g hellbrauner Zucker

1 Ei, kurz schlagen

225 g/8 oz/2 Tassen einfaches Mehl (Allzweckmehl).

5 ml/1 TL Backpulver

2,5 ml/½ TL Salz

5 ml/1 Teelöffel Vanilleessenz (Extrakt)

100 g/4 oz/½ Tasse zerdrückte gekochte Karotten

100 g/4 Unzen/1 Tasse gehackte Walnüsse

Für Glasur (Glasur):

175 g/6 oz/1 Tasse Puderzucker, gesiebt

10 ml/2 TL abgeriebene Orangenschale

30 ml/2 Esslöffel Orangensaft

Für Kekse Butter oder Margarine und Zucker schaumig schlagen. Eier nach und nach dazugeben, dann Mehl, Backpulver und Salz hinzugeben. Fügen Sie Vanilleessenz, zerdrückte Karotten und Walnüsse hinzu. Kleine Löffel auf ein gefettetes (Keks-) Blech geben und im vorgeheizten Backofen bei 200°C/400°F/Gas Stufe 6 10 Minuten backen.

Für die Glasur den Puderzucker in eine Schüssel geben, die Orangenschale unterrühren und in die Mitte eine Mulde drücken. Fügen Sie den Orangensaft nach und nach hinzu, bis Sie eine glatte, aber ausreichend dicke Glasur erhalten. Den noch warmen Kuchen einfetten, dann abkühlen und fest werden lassen.

Kirschkuchen

48 machen

100 g Butter oder Margarine, weich

100 g/4oz/½ Tasse (feiner) Puderzucker.

1 Ei, geschlagen

5 ml/1 Teelöffel Vanilleessenz (Extrakt)

225 g/8 oz/2 Tassen einfaches Mehl (Allzweckmehl).

50 g Schichtkirschen (kandiert), gehackt

Butter oder Margarine und Zucker schaumig schlagen. Die Eier und das Vanillearoma nach und nach unterschlagen, dann das Mehl und die Kirschen dazugeben und den glatten Teig kneten. Zu einer Kugel rollen, in Frischhaltefolie wickeln und 1 Stunde kühl stellen.

Den Teig 5 mm/¼ dick ausrollen und mit einem Ausstecher Kreise ausstechen. Auf einem gefetteten (Kuchen-)Blech anrichten und im vorgeheizten Backofen bei 200°C/400°F/Gas Stufe 6 10 Minuten goldbraun backen. Lassen Sie es 5 Minuten auf der Form abkühlen, bevor Sie es zum Abkühlen auf ein Kuchengitter legen.

Kirsch- und Mandelringe

Mach es 24

100 g Butter oder Margarine, weich

100 g/4 Unzen/½ Tasse (feiner) Puderzucker, plus extra zum Bestreuen

1 Ei, getrennt

225 g/8 oz/2 Tassen einfaches Mehl (Allzweckmehl).

5 ml/1 TL Backpulver

5 ml/1 TL abgeriebene Zitronenschale

60 ml/4 EL Schichtkirschen (kandiert).

50 g/2 oz/½ Tasse gehackte Mandeln

Butter oder Margarine und Zucker schaumig schlagen. Eigelbe nach und nach unterrühren, dann Mehl, Backpulver, Zitronenschale und Kirschen untermischen und mit den Händen enden, bis die Masse zusammenkommt. 5 mm/¼ dick ausrollen und mit einem Ausstecher in 6 cm/2¼ Kreise schneiden, dann die Mitte mit einem 2 cm/¾ Ausstecher ausstechen. Den Kuchen gut auf ein gefettetes Backblech legen und mit einer Gabel einstechen. Im vorgeheizten Backofen bei 180°C/350°F/Gas Stufe 4 10 Minuten backen. Mit Eiweiß bestreichen und mit Mandeln und Zucker bestreuen und für weitere 5 Minuten in den Ofen stellen, bis sie hellgolden sind.

Schokoladen-Butter-Kekse

Mach es 24

100 g Butter oder Margarine

50 g Puderzucker (fein).

100 g/4 oz/1 Tasse selbstaufgehendes (selbstaufgehendes) Mehl.

30 ml/2 Esslöffel Kakaopulver (ungesüßte Schokolade).

Butter oder Margarine und Zucker schaumig schlagen. Mehl und Kakao zu einer dicken Masse verrühren. Große Kugeln in der Größe einer Walnuss formen und auf einem gefetteten (Kuchen-)Backblech gut verteilen und mit einer Gabel leicht andrücken, um sie flach zu drücken. Plätzchen (Kekse) im vorgeheizten Ofen bei 180°C/350°F/Gas Stufe 4 für 15 Minuten backen, bis sie braun sind.

Schokoladen- und Kirschbrötchen

Mach es 24

100 g Butter oder Margarine, weich

100 g/4oz/½ Tasse (feiner) Puderzucker.

1 Ei

2,5 ml/½ TL Vanilleessenz (Extrakt)

225 g/8 oz/2 Tassen einfaches Mehl (Allzweckmehl).

5 ml/1 TL Backpulver

Prise Salz

25 g/1 oz/¼ Tasse Kakaopulver (ungesüßte Schokolade).

25 g/1 oz/2 EL Schichtkirschen (kandiert), gehackt

Butter und Zucker schaumig schlagen. Eier und Vanilleessenz nach und nach unterschlagen, dann Mehl, Backpulver und Salz unterrühren, bis ein fester Teig entsteht. Den Teig halbieren und in einen Teil den Kakao und in den anderen die Kirschen mischen. In Frischhaltefolie (Plastikfolie) einwickeln und 30 Minuten kühl stellen.

Jedes Teigstück zu einem 3 mm/1/8 dicken Rechteck ausrollen, dann aufeinander legen und mit einem Nudelholz leicht andrücken. Von der längsten Seite aufrollen und leicht zusammendrücken. In 1 cm/½ dicke Stücke schneiden und auf einem gefetteten (Back-)Blech verteilen. Im vorgeheizten Backofen bei 200°C/400°F/Gas Stufe 6 10 Minuten backen.

Schokoladenkuchen

Mach es 24

75 g/3 oz/1/3 Tasse Butter oder Margarine

175 g/6 oz/1½ Tassen einfaches Mehl (Allzweckmehl).

5 ml/1 TL Backpulver

Eine Prise Backpulver (Backpulver)

50 g hellbrauner Zucker

45 ml/3 EL goldener Sirup (junger Mais).

100 g/4 oz/1 Tasse Schokoladenstückchen

Butter oder Margarine in Mehl, Backpulver und Natron reiben, bis die Mischung Paniermehl ähnelt. Zucker, Sirup und Schokoladenstückchen unterrühren und zu einer glatten Masse verrühren. Kleine Kugeln formen und auf ein gefettetes Backblech (für Gebäck) legen und leicht andrücken, um sie flach zu drücken. Backen Sie die Plätzchen (Kekse) im vorgeheizten Ofen bei 190°C/375°F/Gas 5 für 15 Minuten, bis sie goldbraun sind.

Schokoladen- und Bananenkekse

Mach es 24

75 g/3 oz/1/3 Tasse Butter oder Margarine

175 g/6 oz/1½ Tassen einfaches Mehl (Allzweckmehl).

5 ml/1 TL Backpulver

2,5 ml/½ TL Natron (Backpulver)

50 g hellbrauner Zucker

45 ml/3 EL goldener Sirup (junger Mais).

50 g/2 Unzen/½ Tasse Schokoladenstückchen

50 g/2 Unzen/½ Tasse trockene Bananenchips, grob gehackt

Butter oder Margarine in Mehl, Backpulver und Natron reiben, bis die Mischung Paniermehl ähnelt. Zucker, Sirup, Schokolade und Bananenchips unterrühren und zu einem glatten Teig verrühren. Kleine Kugeln formen und auf ein gefettetes Backblech (für Gebäck) legen und leicht andrücken, um sie flach zu drücken. Backen Sie die Plätzchen (Kekse) im vorgeheizten Ofen bei 190°C/375°F/Gas 5 für 15 Minuten, bis sie goldbraun sind.

Schokoladen- und Nussbisse

Mach es 24

50 g/2 oz/¼ Tasse Butter oder Margarine, weich

175 g (sehr feiner) Zucker

1 Ei

5 ml/1 Teelöffel Vanilleessenz (Extrakt)

25 g/1 oz/¼ Tasse Zartbitter-Schokolade, geschmolzen

100 g/4 oz/1 Tasse einfaches Mehl (Allzweckmehl).

5 ml/1 TL Backpulver

Prise Salz

30 ml/2 Esslöffel Milch

25 g/1 oz/¼ Tasse gehackte gemischte Nüsse

Puderzucker (Konditoren), gesiebt, zum Bestreuen

Butter oder Margarine und Puderzucker schaumig rühren. Eier und Vanilleessenz nach und nach unterrühren, dann die Schokolade untermischen. Mehl, Backpulver und Salz mischen und dann abwechselnd mit der Milch verrühren. Nüsse unterrühren, abdecken und 3 Stunden kühl stellen.

Rollen Sie den Teig zu 3 cm großen Kugeln und wälzen Sie sie in Puderzucker. Auf einem leicht gefetteten Backblech (für die Kekse) anrichten und im vorgeheizten Ofen bei 180°C/350°F/Gas Stufe 4 für 15 Minuten backen, bis sie leicht gebräunt sind. Mit Puderzucker bestreut servieren.

Amerikanische Schokoladenkekse

20 machen

225 g/8 oz/1 Tasse Schmalz (Schmalz)

225 g/8 oz/1 Tasse hellbrauner Zucker

100 g Kristallzucker

5 ml/1 Teelöffel Vanilleessenz (Extrakt)

2 Eier, kurz schlagen

175 g/6 oz/1½ Tassen einfaches Mehl (Allzweckmehl).

5 ml/1 TL Salz

5 ml/1 Teelöffel Natron (Backpulver)

225 g/8 oz/2 Tassen Haferflocken

350 g/12 oz/3 Tassen Schokoladenstückchen

Mischen Sie Backfett, Zucker und Vanilleessenz, bis sie leicht und locker sind. Eier nach und nach schlagen. Mehl, Salz, Natron und Hafer mischen und dann die Schokoladenstückchen untermischen. Den Teig löffelweise auf ein gefettetes (Keks-)Backblech geben und im vorgeheizten Backofen bei 180°C/350°F/Gas Stufe 4 ca. 10 Minuten goldbraun backen.

Schokocreme

Mach es 24

175 g/6 oz/¾ Tasse Butter oder Margarine, aufgeweicht

175 g (sehr feiner) Zucker

225 g/8 oz/2 Tassen einfaches Mehl (selbstaufgehend).

75 g/3 oz/¾ Tasse getrocknete (geriebene) Kokosnuss.

100 g/4 oz/4 Tassen zerkleinerte Cornflakes

25 g/1 oz/¼ Tasse Kakaopulver (ungesüßte Schokolade).

60 ml/4 Esslöffel kochendes Wasser

100 g/4 oz/1 Tasse einfache (halbbittere) Schokolade.

Butter oder Margarine und Zucker schaumig schlagen, dann Mehl, Kokosnuss und Cornflakes mischen. Mischen Sie den Kakao mit dem kochenden Wasser und rühren Sie ihn dann in die Mischung. Zu einer 2,5 cm großen Kugel rollen, auf ein gefettetes Backblech legen und mit einer Gabel leicht andrücken, bis eine glatte Masse entsteht. Im vorgeheizten Backofen bei 180°C/350°F/Gas Stufe 4 15 Minuten goldbraun backen.

Die Schokolade in einer hitzebeständigen Schüssel über einem Topf mit leicht siedendem Wasser schmelzen. Die Hälfte der Cookies (Kekse) darauf verteilen und die andere Hälfte darauf drücken. Lass es abkühlen.

Schokoladen- und Haselnusskekse

16 machen

200 g/7 Unzen/1 Tasse weiche Butter oder Margarine

50 g Puderzucker (fein).

100 g hellbrauner Zucker

10 ml/2 TL Vanilleessenz (Extrakt)

1 Ei, geschlagen

275 g/10 oz/2½ Tassen einfaches Mehl (Allzweckmehl).

50 g/2 oz/½ Tasse Kakaopulver (ungesüßte Schokolade).

5 ml/1 TL Backpulver

75 g/3 oz/¾ Tasse Haselnüsse

225 g/8 oz/2 Tassen weiße Schokolade, gehackt

Butter oder Margarine, Zucker und Vanilleessenz schaumig schlagen, dann Eier hinzufügen. Mehl, Kakao und Backpulver unterrühren. Walnüsse und Schokolade unterrühren, bis alles gut vermischt ist. 16 Kugeln formen und auf einem gefetteten und mit Backpapier ausgelegten Backblech gleichmäßig verteilen, dann mit der Rückseite eines Löffels leicht flach drücken. Im vorgeheizten Ofen bei 160°C/325°F/Gas Stufe 3 etwa 15 Minuten backen, bis sie fest, aber noch leicht weich sind.

Kuchen mit Schokolade und Muskatnuss

Mach es 24

50 g/2 oz/¼ Tasse Butter oder Margarine, weich

100 g/4oz/½ Tasse (feiner) Puderzucker.

15 ml/1 Esslöffel Kakaopulver (ungesüßte Schokolade).

1 Eigelb

2,5 ml/½ TL Vanilleessenz (Extrakt)

150 g/5 oz/1¼ Tasse einfaches Mehl (Allzweckmehl).

5 ml/1 TL Backpulver

Eine Prise geriebene Muskatnuss

60 ml/4 Esslöffel saure Sahne (Milchsäure).

Butter oder Margarine und Zucker schaumig schlagen. Kakao untermischen. Eigelb und Vanille-Essenz schlagen, dann Mehl, Backpulver und Muskat hinzugeben. Die Sahne gründlich umrühren. Abdecken und kalt stellen.

Den Teig 5 mm/¼ dick ausrollen und mit einem 5 cm/2 Ausstecher ausstechen. Plätzchen auf ein ungefettetes Backblech legen und im vorgeheizten Backofen bei 200°C/400°F/Gas Stufe 6 10 Minuten goldbraun backen.

Kekse mit Schokoladenüberzug

16 machen

175 g/6 oz/¾ Tasse Butter oder Margarine, aufgeweicht

75 g Puderzucker (fein).

175 g/6 oz/1½ Tassen einfaches Mehl (Allzweckmehl).

50 g/2 oz/½ Tasse gemahlener Reis

75 g/3 oz/¾ Tasse Schokoladenstückchen

100 g/4 oz/1 Tasse einfache (halbbittere) Schokolade.

Butter oder Margarine und Zucker schaumig schlagen. Mischen Sie das Mehl und den gemahlenen Reis und fügen Sie dann die Schoko-Chips hinzu. In eine gefettete Brötchenform (Walzenpfanne) drücken und mit einer Gabel einstechen. Im vorgeheizten Backofen bei 160°C/325°F/Gas Stufe 3 30 Minuten goldbraun backen. Während es noch warm ist, verteilen Sie es auf Ihrem Finger und lassen Sie es dann vollständig abkühlen.

Die Schokolade in einer hitzebeständigen Schüssel über einem Topf mit leicht siedendem Wasser schmelzen. Über die Kekse (Kekse) verteilen und abkühlen und aushärten lassen, bevor sie in Finger geschnitten werden. In einem luftdichten Behälter aufbewahren.

Kaffee und Schokoladen-Sandwich-Kuchen

Mach es 40

Für Kekse:

175 g Butter oder Margarine

Backfett 25 g/1 oz/2 EL

450 g/1 Pfund/4 Tassen einfaches (Allzweck-)Mehl.

Prise Salz

100 g hellbrauner Zucker

5 ml/1 Teelöffel Natron (Backpulver)

60 ml/4 Esslöffel starker schwarzer Kaffee

5 ml/1 Teelöffel Vanilleessenz (Extrakt)

100 g goldener Sirup (junger Mais).

Für die Füllung:

10 ml/2 Teelöffel lösliches Kaffeepulver

10 ml/2 TL kochendes Wasser

50 g Puderzucker (fein).

25 g/1 oz/2 EL Butter oder Margarine

15 ml/1 Esslöffel Milch

Um Kekse zu machen, Butter oder Margarine und Schmalz in Mehl und Salz einpinseln, bis der Teig Paniermehl ähnelt, dann braunen Zucker hinzufügen. Natron mit etwas Kaffee mischen, dann mit restlichem Kaffee, Vanilleessenz und Sirup unter die Masse rühren und zu einem glatten Teig verrühren. In eine leicht geölte Schüssel geben, mit Frischhaltefolie (Plastikfolie) abdecken und über Nacht stehen lassen.

Den Teig auf einer leicht bemehlten Fläche 1 cm/½ dick ausrollen und in 2 x 7,5 cm/¾ x 3 Rechtecke schneiden. Jeden einzeln mit einer Gabel einstechen, sodass ein Rippenmuster entsteht. In eine gefettete (Keks-)Form geben und im vorgeheizten Ofen bei 200°C/400°F/Gasstufe 6 10 Minuten lang goldbraun backen. Auf einem Kuchengitter abkühlen.

Für die Füllung den Kaffeesatz in einem kleinen Topf in kochendem Wasser auflösen, dann die restlichen Zutaten einrühren und zum Kochen bringen. 2 Minuten kochen lassen, dann herausnehmen und umrühren, bis sie dickflüssig und kühl sind. Ein Paar Kuchensandwiches mit ihren Füllungen.

Weihnachtskuchen

Mach es 24

100 g Butter oder Margarine, weich

100 g/4oz/½ Tasse (feiner) Puderzucker.

225 g/8 oz/2 Tassen einfaches Mehl (Allzweckmehl).

Prise Salz

5 ml/1 TL Zimtpulver

1 Eigelb

10 ml/2 TL kaltes Wasser

Ein paar Tropfen Vanilleessenz (Extrakt)

Für Glasur (Glasur):
225 g/8 Unzen/11/3 Tassen Zucker (Süßwaren), gesiebt

30 ml/2 Esslöffel Wasser

Lebensmittelfarbe (optional)

Butter und Zucker schaumig schlagen. Mehl, Salz und Zimt mischen, dann Eigelb, Wasser und Vanilleessenz untermischen und zu einem festen Teig verkneten. In Frischhaltefolie (Plastikfolie) wickeln und 30 Minuten kühl stellen.

Den Teig 5 mm/¼ dick ausrollen und mit einem Plätzchenausstecher oder einem scharfen Messer weihnachtliche Formen ausstechen. Stanzen Sie oben in jeden Kuchen ein Loch, wenn Sie ihn an einem Baum aufhängen möchten. Legen Sie die Form auf ein gefettetes (Kuchen-) Blech und backen Sie sie im vorgeheizten Ofen bei 200°C/400°F/Gasstufe 6 für 10 Minuten, bis sie goldbraun sind. Lass es abkühlen.

Für die Glasur das Wasser nach und nach mit dem Puderzucker verrühren, bis eine ziemlich dicke Glasur entsteht. Färben Sie eine kleine Menge in einer anderen Farbe, falls gewünscht. Das Muster auf die Kekse spritzen und fest werden lassen. Fädeln Sie eine Schleife aus Band oder Schnur durch das Loch, um es aufzuhängen.

Kokoskekse

32 machen

50 g/2 oz/3 EL goldener Sirup (junger Mais).

150 g Butter oder Margarine

100 g/4oz/½ Tasse (feiner) Puderzucker.

100 g/4 oz/1 Tasse einfaches Mehl (Allzweckmehl).

75 g/3 oz/¾ Tasse Haferflocken

50 g/2 oz/½ Tasse getrocknete (geriebene) Kokosnuss.

10 ml/2 TL Natron (Backpulver)

15 ml/1 Esslöffel heißes Wasser

Sirup, Butter oder Margarine und Zucker schmelzen. Mehl, Haferflocken und Kokosraspeln mischen. Natron mit heißem Wasser verrühren und dann die restlichen Zutaten untermischen. Den Teig etwas abkühlen lassen, dann in 32 Stücke teilen und jedes zu einer Kugel rollen. Plätzchen (Kekse) flachdrücken und auf einem mit Öl bestrichenen Backblech (Kekse) anrichten. Im vorgeheizten Ofen bei 160°C/325°F/Gas Stufe 3 20 Minuten goldbraun backen.

Maiskuchen mit Fruchtcreme

12 machen

150 g Vollkornmehl.

150 g Maismehl

10 ml/2 TL Backpulver

Prise Salz

225 g/8 Unzen/1 Tasse Naturjoghurt

75 g/3 oz/¼ Tasse roher Honig

2 Eier

45 ml/3 EL Öl

Für die Fruchtcreme:

150 g/5 oz/2/3 Tasse Butter oder Margarine, weich

Saft von 1 Zitrone

Ein paar Tropfen Vanilleessenz (Extrakt)

30 ml/2 Esslöffel Puderzucker (fein).

225 g/8 Unzen Erdbeeren

Mehl, Maisstärke, Backpulver und Salz mischen. Joghurt, Honig, Eier und Öl werden zu einem glatten Teig verrührt. Auf einer leicht bemehlten Fläche 1 cm/½ dick ausrollen und in große Kreise schneiden. Auf ein gefettetes (Kuchen-)Blech legen und im vorgeheizten Backofen bei 200°C/400°F/Gas Stufe 6 15 Minuten goldbraun backen.

Für die Fruchtcreme Butter oder Margarine, Zitronensaft, Vanilleessenz und Zucker mischen. Einen Teil der Erdbeeren zum Garnieren aufbewahren, den Rest pürieren und abseihen (Sieb), wenn Sie kernlose Sahne (Steine) bevorzugen. In die Buttermischung rühren, dann abkühlen. Vor dem Servieren einen Klecks Sahne auf jeden Kuchen streichen.

Kornische Kekse

20 machen

225 g/8 oz/2 Tassen einfaches Mehl (selbstaufgehend).

Prise Salz

100 g Butter oder Margarine

175 g/6 oz/2/3 Tassen Kristallzucker (sehr fein).

1 Ei

Puderzucker (Konditoren), gesiebt, zum Bestreuen

Mehl und Salz in einer Schüssel mischen, dann mit Butter oder Margarine bestreichen, bis die Mischung Paniermehl ähnelt. Zucker einrühren. Die Eier unterrühren und den weichen Teig kneten. Rollen Sie es auf einer leicht bemehlten Oberfläche dünn aus und schneiden Sie es in Kreise.

Auf ein gefettetes (Kuchen-)Blech legen und im vorgeheizten Ofen bei 200°C/400°F/Gas Stufe 6 ca. 10 Minuten goldbraun backen.

Vollkorn-Rosinen-Kekse

36 machen

100 g Butter oder Margarine, weich

50 g Demerara-Zucker

2 Eier, getrennt

100 g Rosinen

225 g/8 oz/2 Tassen Vollkornmehl

100 g/4 oz/1 Tasse einfaches Mehl (Allzweckmehl).

5 ml/1 TL gemahlenes Gewürz (Apfelkuchen).

150 ml/¼ pt/2/3 Tassen Milch plus extra zum Bürsten

Butter oder Margarine und Zucker schaumig schlagen. Eigelb schlagen, dann die Rosinen untermischen. Mehl-Gewürz-Mischung unterrühren und unter die Milchmischung rühren. Das Eiweiß steif schlagen, dann unter die weiche Masse mischen. Den Teig auf einer leicht bemehlten Fläche ausrollen und mit einem 5 cm/2 Ausstecher ausstechen. Auf ein gefettetes (Kuchen-)Backblech legen und mit Milch bedecken. Im vorgeheizten Ofen bei 180°C/350°F/Gas Stufe 4 20 Minuten goldbraun backen.

Dattel-Sandwiches

Mach es 30

225 g/8 oz/1 Tasse Butter oder Margarine, aufgeweicht

450 g weicher brauner Zucker

225 g/8 oz/2 Tassen Haferflocken

225 g/8 oz/2 Tassen einfaches Mehl (Allzweckmehl).

2,5 ml/½ TL Natron (Backpulver)

Prise Salz

120 ml/4 fl oz/½ Tasse Milch

225 g/8 oz/2 Tassen entkernte Datteln, sehr fein gehackt

250 ml/8 fl oz/1 Tasse Wasser

Butter oder Margarine und die Hälfte des Zuckers schaumig schlagen. Die trockenen Zutaten vermischen und abwechselnd mit der Milch zur Sahnemischung geben, bis ein fester Teig entsteht. Auf einem leicht bemehlten Brett flach drücken und mit einem Ausstecher in Ringe schneiden. Auf ein gefettetes Backblech (Kekse) legen und im vorgeheizten Backofen bei 180°C/350°F/Gas 4 10 Minuten goldbraun backen.

Alle restlichen Zutaten in einen Topf geben und zum Kochen bringen. Hitze reduzieren und 20 Minuten köcheln lassen, dabei gelegentlich umrühren, bis es eingedickt ist. Lass es abkühlen. Kekse zusammen mit der Füllung falten.

Verdauungskekse (Graham Cracker)

Mach es 24

175 g/6 Unzen/1½ Tassen Vollkornmehl.

50 g/2 Unzen/½ Tasse einfaches Mehl (Allzweckmehl).

50 g/2 Unzen/½ Tasse mittlere Haferflocken

2,5 ml/½ TL Salz

5 ml/1 TL Backpulver

100 g Butter oder Margarine

30 ml/2 Esslöffel feiner brauner Zucker

60 ml/4 Esslöffel Milch

Mehl, Haferflocken, Salz und Backpulver mischen, dann mit Butter oder Margarine bestreichen und Zucker untermischen. Milch nach und nach zugeben und den weichen Teig verkneten. Kneten, bis es nicht mehr klebt. 5 mm/¼ dick ausrollen und mit einem Ausstecher in 5 cm/2 Kreise schneiden. Auf ein gefettetes (Kuchen-)Blech legen und im vorgeheizten Backofen bei 180°C/350°F/Gas Stufe 4 ca. 15 Minuten backen.

Osterkuchen

20 machen

75 g/3 oz/1/3 Tasse Butter oder Margarine, weich

100 g/4oz/½ Tasse (feiner) Puderzucker.

1 Eigelb

150 g/6 Unzen/1½ Tassen selbstaufgehendes Mehl.

5 ml/1 TL gemahlenes Gewürz (Apfelkuchen).

15 ml/1 Esslöffel gehackte gemischte Schale (kandiert).

50 g/2 oz/1/3 Tasse Rosinen

15 ml/1 Esslöffel Milch

Puderzucker (sehr fein) zum Bestäuben

Butter oder Margarine und Zucker schaumig schlagen. Die Eigelbe verquirlen, dann das Mehl und die gemahlenen Gewürze untermischen. Schale und Rosinen in so viel Milch mischen, dass ein fester Teig entsteht. Rollen Sie es auf 5 mm/¼ Dicke aus und schneiden Sie es mit einem Ausstecher in 5 cm/2 Kreise. Den Kuchen auf ein gefettetes (Kuchen-)Backblech legen und mit einer Gabel einstechen. Im vorgeheizten Ofen bei 180°C/350°F/Gas Stufe 4 ca. 20 Minuten goldbraun backen. Mit Zucker bestreuen.

Florentiner

Mach es 40

100 g Butter oder Margarine

100 g/4oz/½ Tasse (feiner) Puderzucker.

15 ml/1 EL Doppelrahm (schwer).

100 g/4 oz/1 Tasse gehackte gemischte Nüsse

75 g/3 oz/½ Tasse Sultaninen (goldene Rosinen)

50 g Schichtkirschen (kandiert).

Butter oder Margarine, Zucker und Sahne in einem Topf bei schwacher Hitze schmelzen. Vom Herd nehmen und die Nüsse, Sultaninen und glasierten Kirschen unterrühren. Einen Teelöffel mit ausreichend Abstand auf ein gefettetes (Kuchen-)Backblech mit Reispapier legen. Im vorgeheizten Ofen bei 180°C/350°F/Gas 4 für 10 Minuten backen. Auf dem Blech 5 Minuten abkühlen lassen, dann zum Abkühlen auf ein Kuchengitter legen und überschüssiges Reispapier abschneiden.

Florentiner Schokolade

Mach es 40

100 g Butter oder Margarine

100 g/4oz/½ Tasse (feiner) Puderzucker.

15 ml/1 EL Doppelrahm (schwer).

100 g/4 oz/1 Tasse gehackte gemischte Nüsse

75 g/3 oz/½ Tasse Sultaninen (goldene Rosinen)

50 g Schichtkirschen (kandiert).

100 g/4 oz/1 Tasse einfache (halbbittere) Schokolade.

Butter oder Margarine, Zucker und Sahne in einem Topf bei schwacher Hitze schmelzen. Vom Herd nehmen und die Nüsse, Sultaninen und glasierten Kirschen unterrühren. Einen Teelöffel mit ausreichend Abstand auf ein gefettetes (Kuchen-)Backblech mit Reispapier legen. Im vorgeheizten Ofen bei 180°C/350°F/Gas 4 für 10 Minuten backen. Auf dem Blech 5 Minuten abkühlen lassen, dann zum Abkühlen auf ein Kuchengitter legen und überschüssiges Reispapier abschneiden.

Schokolade in einer hitzebeständigen Schüssel über einem Topf mit leicht siedendem Wasser schmelzen. Über die Kekse (Kekse) verteilen und abkühlen und aushärten lassen.

Luxuriöse Florentiner Schokolade

Mach es 40

100 g Butter oder Margarine

100 g hellbrauner Zucker

15 ml/1 EL Doppelrahm (schwer).

50 g Mandeln, gehackt

50 g/2 oz/¼ Tasse gehackte Haselnüsse

75 g/3 oz/½ Tasse Sultaninen (goldene Rosinen)

50 g Schichtkirschen (kandiert).

100 g/4 oz/1 Tasse einfache (halbbittere) Schokolade.

50 g/2 oz/½ Tasse weiße Schokolade

Butter oder Margarine, Zucker und Sahne in einem Topf bei schwacher Hitze schmelzen. Vom Herd nehmen und die Nüsse, Sultaninen und glasierten Kirschen unterrühren. Einen Teelöffel mit ausreichend Abstand auf ein gefettetes (Kuchen-)Backblech mit Reispapier legen. Im vorgeheizten Ofen bei 180°C/350°F/Gas 4 für 10 Minuten backen. Auf dem Blech 5 Minuten abkühlen lassen, dann zum Abkühlen auf ein Kuchengitter legen und überschüssiges Reispapier abschneiden.

Zartbitterschokolade in einer hitzebeständigen Schüssel schmelzen, die Sie über einen Topf mit leicht siedendem Wasser stellen. Über die Kekse (Kekse) verteilen und abkühlen und aushärten lassen. Die weiße Schokolade auf die gleiche Weise in einer sauberen Schüssel schmelzen, dann die weiße Schokolade in einem zufälligen Muster über den Kuchen träufeln.

Kuchen mit Nüssen

Mach es 30

75 g/3 oz/1/3 Tasse Butter oder Margarine, weich

200g/7oz/1 Tasse gefrorener Zucker (sehr fein) verloren

1 Ei, kurz schlagen

100 g Hüttenkäse

5 ml/1 Teelöffel Vanilleessenz (Extrakt)

150 g/5 oz/1¼ Tasse einfaches Mehl (Allzweckmehl).

25 g/1 oz/¼ Tasse Kakaopulver (ungesüßte Schokolade).

2,5 ml/½ TL Backpulver

1,5 ml/¼ TL Natron (Backpulver)

Prise Salz

25 g/1 oz/¼ Tasse gehackte gemischte Nüsse

25 g/1 oz/2 EL Kristallzucker

Butter oder Margarine und Puderzucker schaumig rühren. Eier und Hüttenkäse nach und nach einführen. Die restlichen Zutaten bis auf den Zucker mischen und zu einem weichen Teig verkneten. In Frischhaltefolie (Plastikfolie) einwickeln und 1 Stunde kühl stellen.

Den Teig zu einer etwa walnussgroßen Kugel rollen und im Kristallzucker wälzen. Plätzchen auf ein gefettetes Backblech legen und im vorgeheizten Backofen bei 180°C/350°F/Gas Stufe 4 10 Minuten backen.

Deutsche Eiskekse

12 machen

50 g Butter oder Margarine

100 g/4 oz/1 Tasse einfaches Mehl (Allzweckmehl).

25 g/1 oz/2 EL Puderzucker (fein).

60 ml/4 EL Brombeermarmelade (konserviert)

100 g/4 oz/2/3 Tasse (Puderzucker), gesiebt

15 ml/1 Esslöffel Zitronensaft

Reiben Sie die Butter in das Mehl, bis die Mischung Paniermehl ähnelt. Zucker einrühren und zu einer Paste pürieren. 5 mm/¼ dick ausrollen und mit einem Ausstecher in Ringe schneiden. Auf ein gefettetes (Kuchen-) Blech legen und im vorgeheizten Backofen bei 180°C/350°F/Gas Stufe 6 10 Minuten backen, bis er abgekühlt ist. Lass es abkühlen.

Gedämpfte Biskuit-Sandwiches mit Marmelade. Puderzucker in eine Schüssel geben und in die Mitte eine Mulde drücken. Fügen Sie den Zitronensaft nach und nach hinzu, bis eine Glasur entsteht. Über den Kuchen träufeln, dann fest werden lassen.

Ingwer

Mach es 24

300 g Butter oder Margarine, weich

225 g/8 oz/1 Tasse hellbrauner Zucker

75 g/3 oz/¼ Tasse schwarzer Melassesirup (Melasse)

1 Ei

250 g/9 oz/2¼ Tassen einfaches Mehl (Allzweckmehl).

10 ml/2 TL Natron (Backpulver)

2,5 ml/½ TL Salz

5 ml/1 TL gemahlener Ingwer

5 ml/1 Teelöffel gemahlene Nelken

5 ml/1 TL Zimtpulver

50 g Kristallzucker

Butter oder Margarine, braunen Zucker, Melasse und Eier schaumig schlagen. Mehl, Natron, Salz und Gewürze mischen. Die Buttermischung unterrühren und zu einem festen Teig verkneten. Abdecken und 1 Stunde kühl stellen.

Den Teig zu Kugeln formen und in Kristallzucker wälzen. Auf einem gefetteten (Kuchen-)Backblech gut verteilen und mit etwas Wasser beträufeln. Im vorgeheizten Backofen bei 190°C/375°F/Gas 5 12 Minuten backen, bis sie goldbraun und knusprig sind.

Lebkuchen

Mach es 24

100 g Butter oder Margarine

225 g/8 oz/2 Tassen einfaches Mehl (selbstaufgehend).

5 ml/1 Teelöffel Natron (Backpulver)

5 ml/1 TL gemahlener Ingwer

100 g/4oz/½ Tasse (feiner) Puderzucker.

45 ml/3 EL goldener Sirup (junger Mais), warm

Reiben Sie die Butter oder Margarine in das Mehl, Backpulver und Ingwer. Den Zucker einrühren, dann den Sirup einrühren und zu einem festen Teig verkneten. Rollen Sie sie zu walnussgroßen Kugeln, legen Sie sie gut auf ein gefettetes (Kuchen-)Backblech und drücken Sie sie leicht mit einer Gabel flach. Plätzchen (Kekse) im vorgeheizten Ofen bei 190°C/375°F/Gas Stufe 5 für 10 Minuten backen.

Lebkuchen

Macht etwa 16

350 g/12 oz/3 Tassen selbstaufgehendes Mehl

Prise Salz

10ml/2 TL Ingwerpulver

100 g goldener Sirup (junger Mais).

75 g/3 oz/1/3 Tasse Butter oder Margarine

25 g/1 oz/2 EL Puderzucker (fein).

1 Ei, kurz schlagen

Einige Rosinen (optional)

Mehl, Salz und Ingwer mischen. Sirup, Butter oder Margarine und Zucker in einem Topf auflösen. Etwas abkühlen lassen, dann die Eier unter die trockenen Zutaten mischen und zu einem festen Teig verrühren. Auf einer leicht bemehlten Arbeitsfläche 5 mm/¼ dick ausrollen und mit einem Ausstecher ausstechen. Die Menge, die Sie herstellen können, hängt von der Größe Ihrer Klinge ab. Auf ein leicht gefettetes (Kuchen-)Backblech legen und die Rosinen leicht in die Kekse (Kuchen) für Augen und Knöpfe drücken, falls gewünscht. Im vorgeheizten Ofen bei 180°C/350°F/Gas Stufe 4 15 Minuten backen, bis sie goldbraun sind und sich fest anfühlen.

Lebkuchenplätzchen aus Vollkorn

Mach es 24

200 g Vollkornmehl.

10 ml/2 TL Backpulver

10ml/2 TL Ingwerpulver

100 g Butter oder Margarine

50 g hellbrauner Zucker

60 ml/4 Esslöffel reiner Honig

Mehl, Backpulver und Ingwer mischen. Butter oder Margarine mit Zucker und Honig schmelzen, dann unter die trockenen Zutaten mischen und zu einem festen Teig verkneten. Auf einer bemehlten Fläche ausrollen und mit einem Ausstecher Kreise ausstechen. Auf ein gefettetes Backblech (für die Kekse) legen und im vorgeheizten Backofen bei 190°C/375°F/Gasstufe 5 12 Minuten goldbraun und knusprig backen.

Reis- und Ingwerkuchen

12 machen

225 g/8 oz/2 Tassen einfaches Mehl (Allzweckmehl).

2,5 ml/½ Teelöffel Macispulver

10ml/2 TL Ingwerpulver

75 g/3 oz/1/3 Tasse Butter oder Margarine

175 g (sehr feiner) Zucker

1 Ei, geschlagen

5 ml/1 TL Zitronensaft

30 ml/2 Esslöffel gemahlener Reis

Mehl und Gewürze mischen, mit Butter oder Margarine bestreichen, bis die Masse paniermehlig ist, dann Kristallzucker dazugeben. Eier und Zitronensaft zu einem festen Teig verrühren und glatt kneten. Eine Arbeitsfläche mit gemahlenem Reis bestreuen und den Teig 1 cm/½ dick ausrollen. Den Keks mit einem Ausstecher in 5 cm/2 Kreise schneiden. Auf einem gefetteten (Kuchen-)Blech anrichten und im vorgeheizten Backofen bei 180°C/350°F/Gas Stufe 4 20 Minuten backen, bis sie sich fest anfühlen.

Goldener Kuchen

36 machen

75 g/3 oz/1/3 Tasse Butter oder Margarine, weich

200g/7oz/1 Tasse gefrorener Zucker (sehr fein) verloren

2 Eier, kurz schlagen

225 g/8 oz/2 Tassen einfaches Mehl (Allzweckmehl).

10 ml/2 TL Backpulver

5 ml/1 TL geriebene Muskatnuss

Prise Salz

Ei oder Milch zum Bestreichen

Puderzucker (sehr fein) zum Bestäuben

Butter oder Margarine und Zucker schaumig schlagen. Eier nach und nach unterrühren, dann Mehl, Backpulver, Muskatnuss und Salz untermischen und zu einem weichen Teig verkneten. Abdecken und 30 Minuten gehen lassen.

Den Teig auf einer leicht bemehlten Arbeitsfläche 5 mm/¼ dick ausrollen und mit einem Ausstecher Kreise ausstechen. Auf ein gefettetes Backblech (Kuchen) legen, mit verquirltem Ei oder Milch bestreichen und mit Zucker bestreuen. Im vorgeheizten Backofen bei 200°C/400°F/Gas Stufe 6 8-10 Minuten goldbraun backen.

Haselnusskuchen

Mach es 24

100 g Butter oder Margarine, weich

50 g Puderzucker (fein).

100 g/4 oz/1 Tasse einfaches Mehl (Allzweckmehl).

25 g/1 oz/¼ Tasse gemahlene Haselnüsse

Butter oder Margarine und Zucker schaumig schlagen. Mehl und Walnüsse nach und nach untermischen, bis ein fester Teig entsteht. Rollen Sie sie zu kleinen Kugeln und legen Sie sie gut auf ein gefettetes (Kuchen-) Backblech. Plätzchen (Kekse) im vorgeheizten Ofen bei 180°C/350°F/Gas Stufe 4 für 20 Minuten backen.

Knusprige Haselnusskekse

Mach es 40

100 g Butter oder Margarine, weich

100 g/4oz/½ Tasse (feiner) Puderzucker.

1 Ei, geschlagen

5 ml/1 Teelöffel Vanilleessenz (Extrakt)

175 g/6 oz/1½ Tassen einfaches Mehl (Allzweckmehl).

50 g/2 Unzen/½ Tasse gemahlene Haselnüsse

50 g/2 oz/½ Tasse gehackte Haselnüsse

Butter oder Margarine und Zucker schaumig schlagen. Eier und Vanilleessenz nach und nach untermischen, dann Mehl, gemahlene Haselnüsse und Haselnüsse untermischen und den Teig kneten. Zu einer Kugel rollen, in Frischhaltefolie wickeln und 1 Stunde kühl stellen.

Den Teig 5 mm/¼ dick ausrollen und mit einem Ausstecher Kreise ausstechen. Auf einem gefetteten (Kuchen-)Blech anrichten und im vorgeheizten Backofen bei 200°C/400°F/Gas Stufe 6 10 Minuten goldbraun backen.

Haselnuss- und Mandelkuchen

Mach es 24

100 g Butter oder Margarine, weich

75 g/3 Unzen/½ Tasse Zucker (Süßwaren), gesiebt

50 g/2 oz/1/3 Tasse gemahlene Haselnüsse

50 g gemahlene Mandeln

100 g/4 oz/1 Tasse einfaches Mehl (Allzweckmehl).

5 ml/1 Teelöffel Mandelessenz (Extrakt)

Prise Salz

Butter oder Margarine und Zucker schaumig schlagen. Die restlichen Zutaten zu einem festen Teig verkneten. Zu einer Kugel rollen, mit Frischhaltefolie (Plastikfolie) abdecken und 30 Minuten kühl stellen.

Den Teig 1 cm/½ dick ausrollen und mit einem Ausstecher Kreise ausstechen. Auf ein gefettetes (Kuchen-)Blech legen und im vorgeheizten Backofen bei 180°C/350°F/Gas Stufe 4 15 Minuten goldbraun backen.

Honigkuchen

Mach es 24

75 g/3 oz/1/3 Tasse Butter oder Margarine

100 g/4 oz/1/3 Tasse Honig-Kit

225 g/8 oz/2 Tassen Vollkornmehl

5 ml/1 TL Backpulver

Prise Salz

50 g/2 oz/¼ Tasse Muscovado-Zucker

5 ml/1 TL Zimtpulver

1 Ei, kurz schlagen

Butter oder Margarine und Honig schmelzen, bis alles gut vermischt ist. Restliche Zutaten mischen. Den Teig gut auf ein gefettetes Backblech geben und im vorgeheizten Backofen bei 180°C/350°F/Gasstufe 4 für 15 Minuten backen, bis er goldbraun ist. 5 Minuten abkühlen lassen, bevor es zum Abkühlen auf ein Gitter gelegt wird.

Ratafia-Honig

Mach es 24

2 Eiweiß

100 g/4 oz/1 Tasse gemahlene Mandeln

Ein paar Tropfen Mandelessenz (Extrakt)

100 g reiner Honig

Reis Papier

Das Eiweiß steif schlagen. Mandeln, Mandelsaft und Honig sorgfältig mischen. Löffelweise Masse auf ein mit Reispapier ausgelegtes Backblech (Kuchen) geben und im vorgeheizten Ofen bei 180°C/350°F/Gas Stufe 4 für 15 Minuten goldbraun backen. Etwas abkühlen lassen, dann das Papier zerreißen und entfernen.

Kuchen mit Honig und Buttermilch

12 machen

50 g Butter oder Margarine

225 g/8 oz/2 Tassen einfaches Mehl (selbstaufgehend).

175 ml/6 fl oz/¾ Tasse Buttermilch

45 ml/3 Esslöffel reiner Honig

Reiben Sie die Butter oder Margarine in das Mehl, bis die Mischung Paniermehl ähnelt. Buttermilch und Honig unterrühren und zu einem festen Teig verkneten. Auf eine leicht bemehlte Fläche geben und glatt kneten, dann 2 cm/¾ dick ausrollen und mit einem Ausstecher in 5 cm/2 Kreise ausstechen. Auf ein gefettetes (Kuchen-)Blech legen und im vorgeheizten Backofen bei 230°C/450°F/Gas Stufe 8 10 Minuten goldbraun backen.

Zitronen-Butter-Kuchen

20 machen

100 g/4 oz/1 Tasse gemahlener Reis

100 g/4 oz/1 Tasse einfaches Mehl (Allzweckmehl).

75 g Puderzucker (fein).

Prise Salz

2,5 ml/½ TL Backpulver

100 g Butter oder Margarine

Abgeriebene Schale von 1 Zitrone

1 Ei, geschlagen

Reis, Mehl, Zucker, Salz und Backpulver mischen. Die Butter einreiben, bis die Mischung Paniermehl ähnelt. Zitronenschale unterrühren und mit genügend Eiern zu einem festen Teig verrühren. Vorsichtig kneten, dann auf einer bemehlten Fläche ausrollen und mit Ausstechformen Formen ausstechen. Auf ein gefettetes (Kuchen-) Blech legen und im vorgeheizten Backofen bei 180°C/350°F/Gas Stufe 4 30 Minuten backen. Auf dem Blech etwas abkühlen lassen, dann zum vollständigen Abkühlen auf ein Kuchengitter geben.

Zitronenkeks

Mach es 24

100 g Butter oder Margarine

100 g/4oz/½ Tasse (feiner) Puderzucker.

1 Ei, kurz schlagen

225 g/8 oz/2 Tassen einfaches Mehl (Allzweckmehl).

5 ml/1 TL Backpulver

Abgeriebene Schale von ½ Zitrone

5 ml/1 TL Zitronensaft

30 ml/2 EL Demerara-Zucker

Butter oder Margarine und Zucker bei schwacher Hitze schmelzen und dabei weiter rühren, bis die Mischung anfängt einzudicken. Vom Herd nehmen und Eier, Mehl, Backpulver, Zitronenschale und -saft mischen und den Teig kneten. Abdecken und 30 Minuten kühl stellen.

Den Teig zu kleinen Kugeln formen und auf einem gefetteten (Kuchen-)Backblech verteilen und mit einer Gabel flach drücken. Mit Demerara-Zucker bestreuen. Im vorgeheizten Ofen bei 180°C/350°F/Gas Stufe 4 15 Minuten backen.

Schmelzende Momente

16 machen

100 g Butter oder Margarine, weich

75 g Puderzucker (fein).

1 Ei, geschlagen

150 g/5 oz/1¼ Tasse einfaches Mehl (Allzweckmehl).

10 ml/2 TL Backpulver

Prise Salz

8 glasierte Kirschen (kandiert), halbiert

Butter oder Margarine und Zucker schaumig schlagen. Eier nach und nach dazugeben, dann Mehl, Backpulver und Salz hinzugeben. Vorsichtig kneten, bis der Teig glatt ist. Den Teig zu 16 gleich großen Kugeln formen und auf ein gefettetes (Kuchen-)Backblech legen. Etwas flach drücken, dann die Hälfte der Kirschen darauf legen. Im vorgeheizten Ofen bei 180°C/350°F/Gas Stufe 4 15 Minuten backen. 5 Minuten auf dem Blech abkühlen lassen, dann zum Abkühlen auf ein Kuchengitter legen.

Müsli-Kuchen

Mach es 24

100 g Butter oder Margarine

100 g reiner Honig

75 g/3 Unzen/1/3 Tasse hellbrauner Zucker

100 g/4 oz/1 Tasse Vollkornmehl.

100 g/4 Unzen/1 Tasse Haferflocken

50 g/2 oz/1/3 Tasse Rosinen

50 g/2 oz/1/3 Tasse Sultaninen (goldene Rosinen)

50 g/2 oz/1/3 Tasse entkernte Datteln, in Scheiben geschnitten

50 g/2 oz/1/3 Tasse zubereitete getrocknete Aprikosen, gehackt

25 g/1 oz/¼ Tasse gehackte Walnüsse

25 g/1 oz/¼ Tasse gehackte Haselnüsse

Butter oder Margarine mit Honig und Zucker schmelzen. Die restlichen Zutaten mischen und zu einem festen Teig verkneten. Einen Teelöffel auf ein gefettetes Backblech (für Kuchen) geben und flach drücken. Backen Sie die Kekse (Kekse) im vorgeheizten Ofen bei 180°C/350°F/Gas Stufe 4 für 20 Minuten, bis sie goldbraun sind.

Kuchen mit Walnüssen

Mach es 24

350 g Butter oder Margarine, weich

350 g/12 oz/1½ Tassen Puderzucker (sehr fein).

5 ml/1 Teelöffel Vanilleessenz (Extrakt)

350 g/12 oz/3 Tassen einfaches Mehl (Allzweckmehl).

5 ml/1 Teelöffel Natron (Backpulver)

100 g/4 oz/1 Tasse gehackte gemischte Nüsse

Butter oder Margarine und Zucker schaumig schlagen. Fügen Sie die restlichen Zutaten hinzu und rühren Sie, bis alles gut vermischt ist. Zu zwei langen Rollen formen, abdecken und 30 Minuten im Kühlschrank fest werden lassen.

Die Rolle in 5 mm/¼ Scheiben schneiden und auf ein gefettetes (Kuchen-)Backblech legen. Backen Sie die Plätzchen (Kekse) im vorgeheizten Ofen bei 180°C/350°F/Gas Stufe 4 für 10 Minuten, bis sie leicht gebräunt sind.

Knusprige Kekse mit Walnüssen

Mach es 30

100 g hellbrauner Zucker

1 Ei, geschlagen

5 ml/1 Teelöffel Vanilleessenz (Extrakt)

45 ml/3 Esslöffel Mehl (Allzweck).

100 g/4 oz/1 Tasse gehackte gemischte Nüsse

Den Zucker mit dem Ei und dem Vanillearoma schaumig schlagen, dann das Mehl und die Walnüsse untermischen. Einen kleinen Löffel auf eine gefettete und bemehlte (Kuchen-)Form geben und mit einer Gabel etwas flach drücken. Plätzchen (Kekse) im vorgeheizten Ofen bei 190°C/375°F/Gas Stufe 5 für 10 Minuten backen.

Knusprige Kekse mit Zimt-Nüssen

Mach es 24

100 g Butter oder Margarine, weich

100 g/4oz/½ Tasse (feiner) Puderzucker.

1 Ei, kurz schlagen

2,5 ml/½ TL Vanilleessenz (Extrakt)

175 g/6 oz/1½ Tassen einfaches Mehl (Allzweckmehl).

2,5 ml/½ TL Zimtpulver

2,5 ml/½ TL Natron (Backpulver)

100 g/4 oz/1 Tasse gehackte gemischte Nüsse

Butter oder Margarine und Zucker schaumig schlagen. 60 ml/4 EL Ei und Vanilleessenz nach und nach verrühren. Mehl, Zimt, Natron und die Hälfte der Nüsse unterrühren. In eine gefettete und ausgelegte Springform drücken. Mit dem restlichen Ei bestreichen und mit den restlichen Nüssen bestreuen und leicht andrücken. Backen Sie die Kekse im vorgeheizten Ofen bei 180°C/350°F/Gas Stufe 4 für 20 Minuten, bis sie goldbraun sind. Vor dem Schneiden in Riegel in der Form abkühlen lassen.

Haferflocken-Finger

Mach es 24

200 g Haferflocken

75 g/3 Unzen/¾ Tasse Mehl (Allzweck).

5 ml/1 TL Backpulver

50 g/2 oz/¼ Tasse Butter oder Margarine, geschmolzen

Kochendes Wasser

Haferflocken, Mehl und Backpulver mischen, dann geschmolzene Butter oder Margarine und so viel kochendes Wasser hinzufügen, dass ein weicher Teig entsteht. Auf einer leicht bemehlten Fläche kneten, bis sie fest sind, dann rollen und in Finger schneiden. Auf ein gefettetes (Kuchen-)Backblech legen und im vorgeheizten Backofen bei 190°C/375°F/Gasstufe 5 10 Minuten goldbraun backen.

www.ingramcontent.com/pod-product-compliance
Lightning Source LLC
Chambersburg PA
CBHW071234080526
44587CB00013BA/1607